101 SEGREDOS DOS CASAIS FELIZES

Anna Saslow

101 SEGREDOS DOS CASAIS FELIZES

Maneiras simples de fortalecer o relacionamento a dois

Tradução e Adaptação
Inês de Castro

7ª impressão

editora Original

Diretor editorial
Marcelo Duarte

Diretora comercial
Patty Pachas

Diretora de projetos especiais
Tatiana Fulas

Coordenadora editorial
Vanessa Sayuri Sawada

Assistentes editoriais
Juliana Silva
Mayara dos Santos Freitas

Assistente de arte
Carolina Ferreira

Projeto gráfico
Maria Cristiana Pizante Millan

Capa
Camila Suzuki

Preparacão
Carmem Tereza Simões da Costa

Revisão
Gislene P. R. de Oliveira

Impressão
Loyola

CIP – BRASIL. CATALOGAÇÃO NA FONTE
SINDICATO NACIONAL DOS EDITORES DE LIVROS, RJ

Saslow, Anna; 101 segredos dos casais felizes: Maneiras simples de fortalecer o relacionamento a dois / Anna Saslow (Inês de Castro) – São Paulo: Original, 2003. 208 pp.

ISBN 85-88948-08-7

1. Casais – Conduta de vida 2. Felicidade I. Título. II. Título: Maneiras simples de fortalecer o relacionamento a dois

03-1842

CDD: 158.24
CDU: 158.24

2016

Um selo da Editora Original Ltda.
Rua Henrique Schaumann, 286, cj. 41
05413-010 – São Paulo – SP
Tel./Fax: (11) 3088-8444
edoriginal@pandabooks.com.br
www.pandabooks.com.br
Visite nosso Facebook, Instagram e Twitter.

Para Robert,

Simplesmente com meu amor

Sumário

Introdução

Sou uma observadora da vida, sempre fui. Gosto de conversar com as pessoas e, especialmente, de ouvir as histórias que elas têm para contar. Faço aquele tipo que, quando as amigas estão vivendo algum drama conjugal, não hesita em pegar o telefone e ligar. Estou sempre pronta para fazer uma reflexão, porque, acredito, este é o melhor caminho para resolvermos nossos conflitos internos e tirarmos melhor proveito da vida a dois.

Foi assim, ouvindo amigos, conhecidos e até casos de desconhecidos, que comecei a colecionar histórias e a anotá-las uma a uma, fazendo em seguida minhas próprias reflexões sobre cada um dos casos. Com frases simples, relatos emocionados, depoimentos de quem tem muito mais experiência do que eu ou um olhar mais observador do que o meu, sou sincera em dizer: aprendi muito e fiz com que meu próprio relacionamento melhorasse sensivelmente.

Há um ano decidi que essas anotações, preciosas que eram para mim, deveriam ser partilhadas, e saí em busca de mais histórias. Elas poderiam ser úteis para homens e mulheres que querem conhecer os segredos dos casais felizes para viver algo que, tantas vezes, nos parece difícil de ser conquistado: um relacionamento duradouro e cheio de amor. Nascia o que agora você tem nas mãos, os **101 SEGREDOS DOS CASAIS FELIZES**, um livro simples, mas cheio de preciosidades em matéria de vida conjugal.

Esta não é uma cartilha a ser seguida com rigor, até porque somos diferentes uns dos outros e mudamos todo dia um pouquinho, o que nos faz reagir de uma forma hoje e de outra amanhã, mesmo que as situações sejam idênticas. Mas o senso comum diz que alguns mecanismos são regras banais e praticamente infalíveis, quando se pretende viver a dois com felicidade. E é delas que vamos falar.

1. Querer compromisso

Comprometer-se é se empenhar, se expor a um perigo, se arriscar ou se aventurar. Uma relação a dois é tudo isso. Quando amamos e estamos verdadeiramente em busca da felicidade, tudo o que queremos é nos arriscar nesse novo caminho e, assim, colocar nossas cartas na mesa, abrir nosso coração para o objeto do nosso amor.

No filme *Quatro casamentos e um funeral*, o ator Hugh Grant interpreta um mulherengo que não consegue levar nenhuma relação adiante até que... encontra a mulher dos seus sonhos. A moça nem é tão perfeita assim e até traz alguns problemas para a vida dele. Mas, para o personagem, é uma deusa que aparece no momento certo: cansado de tantas aventuras, o que ele andava procurando era estabilidade afetiva. A conclusão do filme é mais do que esperada: o personagem se arrisca numa vida em comum e assume, para si e para a parceira, o compromisso de ser feliz.

O que diferencia uma relação passageira de uma história duradoura é justamente o compromisso que um tem com o outro. Quem está interessado em ficar junto para desfrutar só o lado bom do romance – os encontros, os momentos de sexo prazeroso, os passeios e até mesmo os presentes – não se compromete, resguarda-se em si, sem entregas. Então a relação existe, mas é frágil e passageira. Resiste desde que não haja adversidades, dores, contrariedades e, mesmo assim, enquanto for novidade.

Por outro lado, um dos segredos de quem está junto há muito tempo é a capacidade que ambos têm de enfrentar altos e baixos, dores e felicidades sem esmorecer. Um casal que partilha junto o lado chato e difícil da vida – brigas em família, falta de dinheiro, perda de emprego, problemas de saúde – prova que tem disposição de lutar para que o relacionamento sobreviva e cresça. Isso é o comprometimento: estar ao lado do companheiro em todas as situações.

Casais felizes sabem que...

Casais felizes buscam compromisso porque ele é uma decorrência natural das histórias de amor bem resolvidas. Afinal, quando se ama, tudo o que a gente quer é ficar junto. Mas, para desejar a companhia do outro, é fundamental saber do outro, desvendar o outro, estar em comunhão absoluta com o outro. Ou seja: não dá para estabelecer compromisso com quem a gente não conhece direito, simplesmente porque se está em estado de paixão ou encantamento passageiro. O compromisso verdadeiro é o desejo decorrente de quem convive, e só nasce a partir da conquista de muita intimidade.

2.
Criar momentos de intimidade

Quando comecei a escrever este livro, tinha acabado de entrevistar Lucy, uma mulher de 40 anos, casada havia 15 com George, que me revelou algo marcante: "De olhar para os olhos do meu marido, sou capaz de compreender o que ele está sentindo. Com ele é igual: se acordo de mau humor, ele logo prepara um café forte sem eu ter que abrir a boca para pedir. Sem dúvida, encontrei o companheiro perfeito para minha vida".

Mais do que estar junto ou saber tudo da vida do outro, ser íntimo é entender o que vai pela alma do companheiro, perceber o que ele está pensando e saber como está se sentindo apenas pelo seu tom de voz, pela temperatura da sua pele. E mais: a recíproca é importantíssima. O outro precisa nos conhecer, saber de nós, porque intimidade é um pacto sensorial de mão dupla. Não há ida se não houver volta. Você não pode ser íntimo de alguém, se esse alguém também não se sentir igualmente íntimo de você.

Na prática, ser íntimo de alguém é conseguir tocar o outro com liberdade, sem ficar constrangido. É fazer amor com naturalidade, sem medo do que o companheiro vai achar e sem receio de se entregar. É ficar à vontade de chinelos ou de salto alto, sem vergonha da própria aparência na presença do seu par.

Essa mágica, no entanto, não acontece do dia para a noite e nem pode ser forçada, porque ninguém fica íntimo do outro quando quer. É preciso haver disponibilidade de alma para que um casal faça seu pacto de intimidade.

Manifestar-se e permitir ao outro falar de si e de como se sente é uma maneira de estreitar a ligação por meio da afeição e da confiança. Para isso, o tempo é o senhor absoluto da situação. É impossível entrar em sintonia com alguém se ficamos olhando o relógio o tempo todo, se a cabeça está nos compromissos que temos ao longo do dia ou se, simplesmente, não estamos a fim.

Quem procura estabelecer intimidade com o outro precisa olhar nos olhos, pegar na mão, estar perto física e emocionalmente. Conhecer corporalmente o companheiro nos permite criar intimidade. E é sentindo a vibração do corpo do parceiro ou da parceira, sua energia, sua tensão que conseguimos compreender esses sinais.

Casais felizes sabem que...

Casais felizes exercitam a prática de criar intimidade diariamente, mesmo que seja por alguns minutos. Para George, o amor de Lucy, um abraço apertado, com os dedos provocantes deslizando pelas costas dela na hora de dormir é suficiente para manter a intimidade aquecida ou até para dar partida no sexo, depois que as crianças já foram se deitar: "Não precisamos fazer amor por horas. Fazemos, mesmo que rapidamente, e isso nos permite continuar íntimos, cúmplices e satisfeitos. Afinal, intimidade é difícil de conquistar e fácil de perder", sentenciou ele.

3. Ter muito desejo pelo outro

A vida a dois, todo mundo sabe, passa por momentos de rotina que são muito difíceis. Um dos mais complicados acontece com a chegada dos filhos e as situações que somos obrigados a viver com eles: o bebê que chora de madrugada, as crianças que insistem em dormir na cama dos pais... Para preservar a estabilidade do relacionamento, temos que saber separar as dificuldades diárias da vida íntima, mesmo que isso exija muito esforço ou até mesmo programação. Nessa hora, o desejo deve estar presente como aliado do casal e, para que isso aconteça, é necessário estimular a mente antes de provocar o corpo. Isso não quer dizer que você precise decorar todas as posições do Kama Sutra ou se aperfeiçoar na arte do malabarismo sexual. Para as mulheres, por exemplo, esse tipo de esforço masculino é visto como um recurso artificial pouco sedutor e um caminho para disfarçar o que já vem faltando há muito tempo: o tesão.

Desejar o outro é permitir que ele invada nosso cérebro e nosso corpo a ponto de despertar a química que existe em todos nós. Quando isso acontece, conseguimos experimentar sensações maravilhosas do corpo, mas que têm reflexo imediato no nosso estado de espírito. Quem é que depois de uma boa sessão de sexo não ficou mais alegre, disposto, sentindo-se mais leve e bem-humorado? Assim também fica mais fácil passar por cima dos problemas e de tudo o que, antes, parecia muito importante. Resumindo: quem pratica sexo com quem ama, olha a vida de outro prisma, com menos estresse e mais felicidade dentro de si.

Agora você pode estar questionando: mas é impossível ter tesão por alguém com quem se convive há muito tempo. É verdade, principalmente se um dos dois se descuidar. Uma grande amiga me revelou que fica tomada de ódio quando vê o marido acordando, descendo as escadas da casa se coçando e se espreguiçando, completamente despenteado, como se fosse um chimpanzé: "Adoro fazer sexo de manhã, mas meu tesão desaparece na mesma hora", garante. Portanto, vale a dica: deixar que o outro nos encontre mal-arrumados, com má aparência e a higiene descuidada (isso vale para qualquer hora do dia) pode significar o fim do desejo.

Casais felizes sabem que...

Casais felizes atiçam a vontade um do outro, provocam sem medo de se entregar e cuidam para fazer isso com todas as artimanhas. Quando a vida não está boa (falta dinheiro ou sobram problemas), os casais felizes sabem que está na hora de fazer ainda mais esforço, se concentrar no sexo e partir para o jogo do envolvimento. Afinal, para esse tipo de casal o exercício sexual é tão fundamental para a estabilidade da vida a dois quanto comer e beber para viver.

4.
Ser fiel de corpo e de alma

Oito e meia da noite. O país inteiro liga a televisão para assistir à nova *sitcom* e se vê às voltas com o universo da traição feminina. Meu marido mostra indignação. Sai da sala e diz que não assiste mais, porque acha um absurdo tantas mulheres se identificando com a personagem que só pensa em trair seu par. No dia seguinte, minhas amigas, ouriçadas, não deixam de comentar o assunto, demonstrando uma ponta de desejo de repetir o que vêem na telinha.

Se quer a minha opinião, sem nenhum machismo, tendo a engrossar o coro dos indignados. Estar junto pressupõe disponibilidade de corpo, coração e alma. Isso quer dizer que casais felizes devem estabelecer, mesmo que isso às vezes não seja tão fácil, um pacto de fidelidade para continuarem levando uma vida equilibrada a dois.

Claro que o mundo está repleto de tentações. A todo instante e em todos os lugares há novas oportunidades à espreita, sabores a serem experimentados, visões a serem descortinadas, formas tentadoras a serem tocadas. O que não quer dizer que você precise beijar todo mundo que se mostrar disponível ou ceder a cada um dos seus instintos. Aliás, resguardar-se para um amor, ou, mais ainda, em nome de um amor, engrandece antes de tudo a quem tem a atitude: você.

Essa colocação, a princípio, pode parecer antiquada. E é, se pensarmos sob um ponto de vista moralista, de se preservar, porque é isso que esperam de nós. Mas do ponto de vista emocional, a fidelidade a quem amamos representa o respeito que se tem pelo outro e pela relação que se estabeleceu a dois. Ser fiel ao companheiro ou companheira, porque foi assim que vocês combinaram quando decidiram ficar juntos, é ser fiel a você mesmo. Não enganar o outro é não se enganar, antes de tudo. E, se a vontade de estar com uma terceira pessoa for maior do que estar com seu parceiro, então este é o momento de abrir o jogo, falar abertamente com quem divide a vida com você.

Quem preza a vida a dois guarda o que tem de melhor para si e para dividir com o objeto do seu amor. Não apenas fisicamente, mas afetivamente.

Mesmo que você esteja a quilômetros de distância do seu parceiro, mesmo que não haja a menor possibilidade de ele descobrir que você está se encontrando com alguém e, finalmente, mesmo que a infidelidade fique só no campo da provocação, da intenção e da sedução, é importante que você se pergunte: vale a pena? Menos pelo outro e mais por você, vale a pena dividir o coração, esvaziar-se de afeto em função de uma história passageira e sem sentido?

Casais felizes sabem que...

Casais felizes sorriem ao falar sobre fidelidade porque sabem que oportunidades nunca faltaram. E jamais faltarão. Mas, no caso deles, trair ou não trair é muito mais do que uma questão moral. É uma questão que envolve amor.

5. Não fingir

Sarah e David viveram juntos por dez anos, até que a relação esfriou. Quando minha amiga me procurou dizendo que tinha começado a fingir orgasmos, eu propus: abra o jogo, diga a ele o que está acontecendo. Determinada, ela marcou uma conversa e levou um grande susto ao ouvir do marido que ele também se sentia desestimulado na relação. Ficaram separados por dois meses, até se reencontrarem por acaso num restaurante, ambos acompanhados de outros parceiros. Seus olhares se cruzaram, os dois se levantaram das mesas em que estavam e a história acabou com uma boa sessão de amor e sexo no banco de trás do carro dele. Cinco anos se passaram desde então e o casal continua unido e firme.

Não fingir é um segredo dos casais felizes que vale para todas as esferas da vida, inclusive no aspecto sexual. O casal que joga limpo, que assume o que sente, tem muito mais chances de fazer com que a relação vá para a frente, mesmo que precise enfrentar algumas tempestades pelo meio do caminho.

Se o outro faz alguma coisa ou diz algo que não agrada a você, a melhor política é agir com honestidade, falar o que sente sem dramatizar a situação. Não precisa brigar, fazer um escândalo ou fechar a cara por uma semana. Apenas seja direto, diga que aquela atitude incomoda você. Da mesma forma, permita que o outro também se expresse quando estiver insatisfeito. Estabelecer uma relação em que os dois dizem o que pensam é saudável e vale para a vida toda.

No caso do sexo, em particular, muitas vezes você não está com vontade de ir para a cama, e, se vai, a relação é morna, cansativa. Se isso acontece raramente, sossegue, porque nem toda relação sexual, em qualquer relacionamento, leva os parceiros às nuvens. Mas se, ao contrário, a falta de vontade é recorrente, abrir o jogo, como fizeram David e Sarah, é a melhor solução. Pode ser que a relação esteja em perigo, mas também é possível que seja uma crise passageira.

Uma das maiores vantagens de ter um relacionamento estável com alguém que se ama é poder viver a vida sem sobressaltos. Se hoje o sexo foi razoável, amanhã você poderá se preparar melhor, se inspirar, se dedicar mais para satisfazer ou para se permitir seduzir. O que você não pode é fingir que está sendo ótimo, se não conseguiu dar um suspiro sequer.

Casais felizes sabem que...

Casais felizes conseguem estabelecer seu ritmo sexual de uma forma compensatória para ambos. São capazes de falar abertamente sobre o assunto, sem medo de magoar ou de ferir o outro. Com sinceridade, casais felizes não fingem o que não estão sentindo e permitem um ao outro expressar a própria sexualidade com muita naturalidade.

6. Investir no ninho do casal

O ninho que abriga uma história de amor precisa ser construído pouco a pouco. Quando o amor nasce, floresce e se concretiza com a união – que pode ser um casamento ou só a decisão de morar juntos –, ele precisa de um cenário para acontecer. Nesse ambiente, além de muitas peças decorativas, está um pouco da alma, da personalidade e da história de cada um e dos dois em comum.

Quando meu pai morreu, minha mãe insistiu em não desmontar o quarto onde foram felizes e se amaram por quase 25 anos. Nós, os filhos, ficamos apreensivos, achando que ela viveria amargurada, às voltas com lembranças de alguém que já não lhe pertencia mais. Estávamos errados. Até hoje ela precisa da presença de cada um daqueles retratos para continuar se alimentando de um amor que, embora já não esteja mais presente, ainda lhe dá forças para continuar existindo.

Espalhar fotografias pela casa é sempre um bom fluido. Mas a imagem precisa ser escolhida a dedo. Pode ser herança de uma vida individual – como a foto de um parente querido –, mas precisa ser de conhecimento do outro, caso contrário não há sentido de estar lá.

Na vida a dois, flores, velas e aromas pelo ar também ajudam a criar a cena de vocês. Quem é que nunca sentiu um cheiro e lembrou-se de uma passagem boa da vida? Ou entrou em um ambiente e sentiu-se como em uma época maravilhosa? O espaço de convivência de um casal feliz também precisa desses elementos para sair do imaginário e se concretizar.

É importante, contudo, que não prevaleça uma vontade só, ou seja, aquele que tem personalidade mais forte ou é mais persuasivo acaba decidindo onde ficarão os móveis, que cores predominarão, o que vai dar cara ao ambiente. Se for assim, o outro corre o risco de se sentir um convidado dentro da sua própria história e, assim que algo lhe desagradar, abandonar a cena rapidamente.

Casais felizes sabem que...

Casais felizes constroem e renovam seu ninho de tempos em tempos, mas preservam o que os marcou de maneira mais profunda. Num movimento de reciclagem que precisa acontecer em todas as esferas da vida, enfeitam o ambiente do amor para que ele cresça e se fortaleça um pouquinho mais a cada dia.

7.
Partilhar amigos em comum

Acho a vida a dois maravilhosa. Mas tenho pavor de gente que se enclausura, se resume em si mesmo e no outro, como se o mundo não existisse lá fora. Anne e Bill eram esse tipo de casal. Tinham conhecidos no trabalho e no bairro e eram admirados por todos, mas jamais qualquer um de nós pisou na casa deles, nem mesmo para um abraço no dia do aniversário. Sabe o que aconteceu com o casal? Vivem solitários numa pequena cidade do interior, andam cansados um do outro, mal se falam e o assunto acabou faz tempo. O casamento? Ah, esse também acabou.

Por mais profunda e forte que seja uma relação, quando não se recicla, não permite interferência do mundo externo, está destinada a ficar vazia. Tão importante quanto cultivar a família – história de onde viemos, pessoas com as quais temos ligação – é precioso fazer e preservar amigos ao longo da vida.

Atribulados que estamos, cheios de trabalho, obrigações e falta de dinheiro, muitas vezes consideramos que os amigos podem ficar para depois. Não em segundo plano, mas para um momento em que a vida estiver mais fácil, com menos complicações. Só que esse momento não chega e os amigos se vão. O casal se fecha num cotidiano de banalidades, sem novidades para comentar, sem novas relações para enriquecer a convivência, e passa a experimentar apenas o desgaste de um dia-a-dia sempre igual.

Se buscar amigos é importante, manter o equilíbrio e não exagerar é imprescindível. É comum, em tempos de crise conjugal, recorrer à companhia dos outros para que a vida pareça melhor, mais divertida, menos tediosa. Cuidado: também estão no limite aqueles casais que não sabem se divertir a dois, nunca se bastam e precisam sempre de mais alguém para que seus momentos pareçam ter sentido. Assim como é bom desfrutar dos amigos, é fundamental saber viver bem longe deles.

Inevitavelmente há amigos que mantêm relação só com uma das partes do casal. Eles também cumprem o seu papel. Esse tipo de personagem precisa ser preservado, porque garante a individualidade tão fundamental para continuarmos sendo nós mesmos. As relações de um casal, entretanto, não podem se dividir a toda hora com os amigos dele para um lado e os amigos dela para o outro. É preciso estender os contatos.

Casais felizes sabem que...

Casais felizes não guardam a felicidade apenas para si. Buscam enriquecimento social para tornar a vida mais agradável, divertida, de modo que se sintam mais queridos e com a auto-estima mais elevada.

8.
Ser flexível no relacionamento

Você pensa de uma forma, seu parceiro ou parceira pensa de outra. Ele quer viajar para um lugar e você para outro. Ele pretende investir as finanças do casal em uma aplicação que você acha totalmente desaconselhável. Esse tipo de "desavença" é, além de corriqueira, bastante normal, afinal, embora vocês sejam um casal, são duas pessoas diferentes, vêm de histórias de vida diversas e têm vivências atuais distintas. Discordar em muitos momentos é perfeitamente compreensível. O segredo para manter-se como casal feliz está, justamente, em saber lidar com essas diferenças.

Digo isso porque tenho um bom exemplo bem debaixo do meu nariz. Minha irmã é do tipo expansiva: adora festas, viagens, muitas compras e nenhuma economia. Meu cunhado é o oposto: tímido, reservado e não gasta além das suas possibilidades. Como será que estão juntos há quinze anos, sem que o casamento jamais tenha vivido sob a sombra de uma crise? Minha resposta é simples: ambos são muito flexíveis.

Quando um casal tem opiniões, pontos de vista ou até comportamentos diferentes, mas se ama muito, é importante encontrar o ponto de divergência. É algo que tem mais a ver com você ou mais a ver com ele? Esse pré-requisito faz toda a diferença. Se o motivo está totalmente ligado a você, vai interferir principalmente na sua vida, então é o outro quem precisa ceder (pelo menos um pouco), ser flexível (mesmo que ligeiramente), enfim... não forçar a situação. Caso contrário, fica por sua conta ser mais maleável.

Quando a questão envolve a vida do casal e nenhum dos dois consegue ser convencido pelos argumentos do outro, eu diria que o mais importante é evitar brigas a todo custo. Brigar tira a gente do sério, faz a gente dizer o que não quer e nos coloca em posição de adversários.

Saber ceder, abrir mão de alguma coisa, uma opinião, um desejo, é sempre difícil, seja na vida prática, no trabalho, em família ou na vida amorosa, mas é o objetivo que está em jogo. Ceder não é concordar apenas para evitar discussão e rompimento, é uma concessão em nome da relação que se tem com o outro. E como relacionamento é um jogo que se joga a dois, fazer concessões não é atribuição exclusiva de um só. Quando ambos cedem, nenhum dos dois se sente prejudicado, vítima do parceiro, aquele que sempre perde para o outro ganhar.

Casais felizes sabem que...

Casais felizes sabem que ser flexível é difícil, mas faz parte do crescimento da relação. Da mesma forma sabem que relacionamento sem concessão não vai longe e que conceder sem vontade ou sem certeza é pior para os dois. Assim, chegará um momento em que essa decisão vai interferir no afeto que um tem pelo outro.

9. Fazer os caminhos do seu amor mais fáceis

Nathaly, uma jovem senhora que entrevistei durante a preparação do livro, sempre considerou George honestíssimo. Para ela, o parceiro de 12 anos estava acima do bem e do mal e era um sujeito incapaz de passar qualquer um para trás. Mas o mundo de Nathaly caiu, quando George foi demitido do emprego, acusado de alterações no balanço da empresa. A princípio, ela pensou que fosse perseguição. Não era, e tudo ficou comprovado. Não restou a Nathaly outro caminho senão reconhecer o erro do marido. E ela foi além: compreendeu, perdoou e ajudou George a encontrar um novo rumo profissional: "A situação já era terrível para ele. Tudo que ele não precisava era se sentir mais culpado por ter me decepcionado", justificou.

Muitas vezes, a vida e o mundo são cruéis, roubam nossa alegria de viver, nos desanimam, nos fazem esmorecer. Nessa hora, ter alguém em quem se apoiar e que nos compreenda, em vez de nos apontar as falhas, é de enorme valia. Aliás, essa é uma das grandes virtudes do casamento feliz: sempre ter com quem contar.

Quando se fala em fazer os caminhos do nosso amor mais doces, a gente lembra como é bom, quando nos encontramos numa situação difícil, para a qual não vemos saída, poder sentir a voz amiga do nosso companheiro para nos dizer: "Vamos dar um jeito". Isso quer dizer que você não está sozinho, ele está ao seu lado e, em última instância, fará por você alguma coisa que você simplesmente não sabe ou não tem como fazer sozinho. E, se não puder, dará força para que você crie coragem e tenha energia suficiente para se sair bem.

No caso de Nathaly e George, se ela não estivesse cheia de compreensão, talvez o erro do marido provocasse também o fim de uma história de amor. Felizardo, ele teve o que mais precisava naquele momento: apoio.

Casais felizes sabem que...

Casais felizes aprendem a viver a vida pensando em dupla e não de forma solitária. Ao facilitar a vida para o outro, sendo compreensivo diante de um problema, não abandonando o parceiro ou a parceira em uma hora de dificuldade, somos reconhecidos. E isso faz tão bem para a alma e o coração do seu amor quanto para você.

10. Ficar longe de vez em quando

No começo, qualquer relação apaixonada é assim: aonde um vai, o outro sente-se imprescindível e quer ir também. E, embora pareça exagerada, essa situação é também uma delícia de viver, porque representa o sonho do encontro perfeito. Foi assim que aconteceu com Pierre, um médico recém-formado e recém-casado. Sua paixão pela enfermeira Chris era tão grande e tão profunda que ele marcava seus plantões no mesmo horário dos plantões dela. Juntos chegavam ao hospital, juntos saíam, juntos chegavam em casa, juntos faziam as refeições, juntos, sempre juntos. Passado o primeiro ano de casamento e de êxtase, o inevitável aconteceu: Chris se cansou, pediu um tempo e só depois de fazer o marido compreender que precisava de espaço é que conseguiram retomar a relação.

Essa cena de exacerbação dos sentimentos faz todo o sentido quando estamos em fase de conquista, de descoberta do outro. Para nós, a vida simplesmente não faz sentido quando o outro não está por perto. É pouco provável fazer um plano e deixar de fora o nosso amado.

Entretanto, essa relação onde um não existe sem a presença do outro pouco corresponde à realidade que se vive no dia-a-dia de um casamento ou de uma relação estável e mais duradoura. Para viver um grande amor, precisamos conquistar e aprender a preservar o nosso espaço individual. É fundamental, antes de tudo, se conhecer, para depois conhecer o outro.

Eu, por exemplo, adoro e sinto falta dos meus momentos solitários para ler, arrumar meus álbuns de foto, ir ao salão de beleza, amassar meus pães, falar ao telefone, sonhar ou simplesmente fazer introspecções. Meu marido, mais simplista, adora ficar sozinho para desfrutar seu lazer preferido: assistir NBA. Tivemos que nos separar temporariamente para atender a nossas necessidades particulares e depois, felizes, retomamos o contato. Com a vida, pessoas como Pierre e Chris aprendem que ficar só é fundamental para poder crescer como ser humano e se tornar melhor para o outro.

Casais felizes sabem que...

Casais felizes já descobriram que a distância, em ocasiões estratégicas, é valiosa para estimular a saudade e a vontade de voltar a ficar junto. Essa separação pode ser calculada, planejada e até discutida. Mas não pode deixar de existir, sob o risco de viciar o outro de nós mesmos, nos transformando num mal, mesmo que sejamos o maior de todos os bens.

11. Não deixar para o outro o que sobrou de você

Detesto dizer isso, mas, depois de entrevistar tantos casais, sou obrigada a revelar o que muita gente já sabe: com o passar do tempo e a convivência, liberamos para o parceiro nosso lado menos encantador. Por descuido, mostramos para o outro nosso mau humor, as horríveis manias, o cansaço contínuo dos finais do dia, as irritações sem motivo... Sem notar ou sem dar a devida importância, estamos minando nossa relação pouco a pouco.

Quando fiz minha primeira viagem internacional a trabalho, tive a oportunidade de conhecer Caroline, jornalista como eu, recém-separada de Jacques, um banqueiro *bon-vivant* que perseguiu a ex-esposa ao longo de toda a nossa jornada. Caroline era simpática, fazia piadas, uma excelente companhia, mas bastava Jacques aparecer para se transformar. Chegava a ficar com as feições carregadas, tamanha a sisudez que estampava no rosto. O discurso, então, era insuportável. Ela reclamava do frio, do vento, do preço do franco francês. Estávamos em Paris e ela só se queixava. Um dia não me contive e disse a ela: já sei por que vocês se separaram: você só mostra para Jacques o seu pior lado. Muitos anos depois, reencontrei Caroline, casada novamente e muito feliz. No meio de uma festa, ela me chamou de lado e disse: "Agora aprendi a mostrar o melhor de mim e estou vivendo a melhor fase da minha vida".

Deixar para o outro o pior de nós ou nos habituarmos com o lado menos encantador que o outro tem a nos oferecer é ser pouco exigente com a vida e com a nossa felicidade. Se há um lado bom e se fomos beneficiados por alguns dons, por que guardá-los a sete chaves, deixar para usufruí-los em momentos especiais? Aquilo que temos de melhor merece ser visto, revisto e explorado. O mesmo vale com relação às expectativas que temos do outro.

Certamente não é fácil, depois de um dia exaustivo de trabalho e, às vezes, de afazeres com filhos, manter-se bem-humorada, sorridente, em pleno clima de festa. Mas fechar a fisionomia e alimentar o rancor ou simplesmente se deixar carregar por uma sombra daquilo que a gente é não melhora a situação em nada e, pior, ainda pode refletir negativamente na nossa relação afetiva. Cansado de ter só o que sobrou de você, um dia seu parceiro ou parceira desiste e vai em busca de alguém que lhe ofereça o seu melhor.

Casais felizes sabem que...

Casais felizes se esforçam para dar aquilo que têm de bom para seus companheiros. Sabem que mostrar felicidade é um movimento de vaivém, porque estimula no outro sentimento semelhante que volta em sua própria direção. Assim, o casal viverá rodeado por uma aura de bem-estar e uma vida com mais qualidade.

12.
Criar rituais para vocês dois

Antigamente a vida era recheada de rituais: as pessoas reservavam um dia certo para almoçar com os pais, uma noite para jantar fora com o parceiro, uma tarde para o cinema com as crianças, dias especiais para festejos comemorativos... Acontece que o corre-corre da vida moderna atropelou nossas boas intenções. Garantimos espaço na agenda para tudo o que for referente às obrigações, mas deixamos de lado as datas importantes que pontuam a vida. É só aparecer uma nova exigência no escritório para colocarmos de lado nosso encontro especial das sextas-feiras. Podemos deixar para amanhã o divertimento, mas não a obrigação, pensamos.

Só que a vida vai passando, as oportunidades se perdendo e tudo aquilo que a gente fazia com o nosso amor também fica sem espaço na nossa vida. Que aconteça uma vez, vá lá, é compreensível, mas ritual que se preze tem que ser cumprido com rigor, para fazer sentido, ocupar seu lugar de destaque na nossa memória afetiva.

De maneira geral, o ritual é a prática de uma cerimônia que tem caráter simbólico, ou seja, significa alguma coisa especial para quem participa dele. Pensando assim, logo se pode imaginar que esse tipo de festejo esteja ligado à religião, o que não deixa de ser verdade. Rituais não são apenas aqueles que nos impuseram – cerimônias de casamento ou festas de Natal –, mas também aqueles que nós mesmos inventamos. Quem disse que uma viagem para comemorar o aniversário de casamento não pode ser um ritual? Assim como uma festa tradicional, essa data pode ser planejada, esperada e celebrada com tanta ou mais cerimônia que qualquer outra.

Casais felizes sabem que...

Casais felizes criam rituais particulares que não têm nada a ver com obrigação ou rotina, mas com a expectativa em torno de um momento de prazer. Isso marca a relação de forma muito positiva e faz com que escrevam a própria história de uma maneira exclusiva. Essas datas não precisam ser cheias de pompa, não devem esvaziar os bolsos e nem pedem a presença de mais ninguém. Importante é que elas se repitam com rigor no prazo estipulado por vocês. Seja para o drinque das sextas-feiras ou bombons debaixo dos lençóis nos fins de semana. Casais felizes determinam seus rituais e, assim, fazem a sua história de amor acontecer.

13. Ser bem-humorado

Tudo na vida pode ser visto sob vários ângulos. Das crises aos impasses, das brigas às decepções... em tudo é possível enxergarmos alguma lição positiva, que nos ensina a ser melhores. Quer ver um exemplo? Depois de fazer muito sucesso, perder a notoriedade, ficar totalmente sem trabalho e com pouquíssimo dinheiro, o ator americano John Travolta declarou sorridente aos jornais: "Sou feliz porque sou bem casado. Amo minha mulher e ela me ama. O resto eu volto a construir", disse. Claro que John não estava fechando os olhos para todos os problemas, nem fingindo que sua crise era apenas um pequeno incômodo passageiro na sua vida, só estava tendo bom humor diante dos fatos.

A sugestão de exercitar o humor como forma de encarar os obstáculos de maneira positiva é um dos mecanismos mais utilizados por quem não quer perder a cabeça diante de situações complicadas. Quando seu parceiro fica um mês em estado de profunda irritação, mal olha para você ou deixa de ter interesse sexual, é claro que fica difícil achar qualquer graça nisso. Entretanto, se você usa um pouco da leveza que tem dentro de si, o problema pára de crescer e deixa de ganhar proporções gigantescas. Com essa postura, você se torna uma pessoa mais capaz de enxergar o problema com clareza, ajudar o outro e se ajudar.

Casais felizes sabem que...

Casais felizes já aprenderam que o bom humor é tão contagiante quanto o mau humor. Também sabem que, quando um dos dois faz o tipo que consegue se divertir mesmo em horas críticas, a vida ganha um peso menor, as dificuldades deixam de ter tanta importância e o olhar fica mais claro para descobrir novos e possíveis caminhos.

14. Dizer as verdades por inteiro

De todos os caminhos dolorosos que envolvem o amor e a convivência a dois, o pior deles é, sem dúvida, a mentira. Não há sensação pior do que a de ter sido enganado, ludibriado, passado para trás.

Anthony e Rebecca, um casal de amigos com quem sempre nos encontrávamos nos fins de semana para velejar, viviam uma história de amor de causar inveja a qualquer mortal. Eram unidos, pareciam se entender apenas com olhares e estavam sempre de mãos dadas. Só que tamanha afinidade não passava de fachada. Um dia soubemos que, sem anunciar, Anthony fez as malas e sorrateiramente deixou o apartamento onde viviam. Num bilhete, explicava: "Estou indo viver com Marie, a mulher que amo de verdade há dois anos". Ficamos assustados, e Rebecca, destruída pela mentira.

A omissão de alguma coisa que o outro queria ou precisava dizer é o lado mais dramático de uma história de amor (ou desamor) como essa. Evidentemente, não se trata de contar, em detalhes, romances passados, histórias que em nada tocam seu par. Mas se, de alguma forma, tal fato ou sentimento tem a ver com a relação atual, não há dúvida de que deve ser relatado.

Muitas vezes, ficamos em dúvida sobre o que e como revelar coisas que, temos certeza, o outro não vai gostar de saber. Certamente não é imprescindível desvendar todo o nosso passado amoroso, porque isso não tem a ver necessariamente com o parceiro. O fundamental é, por exemplo, falar sobre um filho de casamento anterior ou o rompimento de um compromisso sério com alguém que amava muito e não foi totalmente esquecido. Vai ser sofrido, mas, para o bem da relação e da própria pessoa, a honestidade é o melhor caminho.

Num primeiro momento, a verdade dói, mas tenha certeza de que logo após fica mais leve e se abranda, porque pode ser partilhada com alguém em quem se confia. É como um segredo difícil de guardar e que, ao ser dividido, perde seu peso e fica mais fácil de ser carregado.

Revelar algo fundamental para a vida a dois é tão imprescindível quanto urgente.

Casais felizes sabem que...

Casais felizes praticam a verdade por inteiro e nem sempre acham que esta é uma missão fácil; porém, sabem que representa uma conquista valiosa dia após dia no relacionamento a dois. Quem mente ou omite se acostuma a esse comportamento e o toma como hábito. O contrário também é legítimo: quem vive a relação a dois com sinceridade tem muito mais chances de mostrar ao outro em que terreno está pisando e de abrir as portas para que seu companheiro ou companheira faça o mesmo com você.

15.
Não esticar as brigas

Sempre desconfiei de casais que não brigam nunca, para quem a vida parece sempre dar certo e onde não há rusgas para atrapalhar a relação. O motivo da desconfiança é simples: casais que não brigam não são verdadeiros, não se expõem e, conseqüentemente, não se envolvem profundamente como deveriam.

Do outro lado da história estão os casais que vivem em pé de guerra. Brigam pelo sanduíche, pelo lugar no teatro, pela bagunça espalhada no chão do quarto, enfim... brigam por causa de tudo. Para esses casais, a vida não passa de um inferno do qual ambos querem se livrar o mais rápido possível, mesmo que muitas vezes sejam incapazes de admitir.

No meio do caminho vivem os casais comuns, aquele tipo que briga quando o assunto merece briga e deixa pra lá quando a questão não merece ser levada muito a sério. Nesse caso, a briga serve para legitimar as insatisfações e indignações, características que todo ser humano deveria preservar ao longo da vida, já que o conformismo é irmão da infelicidade.

Se brigar é uma maneira eficiente de colocar os demônios para fora, perpetuar a briga só para mostrar quem tem razão é uma maneira pouco esperta de conservar uma relação a dois. Explodir é fundamental, mas pedir desculpas quando se percebe que passou dos limites também é. Gritar é uma forma primitiva, mas válida, de canalizar de volta para o outro a raiva que ele nos provocou. Mas fazer uma cena de gritos que dura meia hora é colocar à prova os limites do outro.

A briga tem sua hora, mas o momento de parar e refletir também precisa existir, mesmo que isso nos custe muito esforço. O que não dá é para amarrar a cara, transformar um motivo bobo em um grande drama ou fazer a briga crescer como uma bola de neve, capaz de envolver a tudo e a todos que estão ao nosso redor.

Casais felizes sabem que...

Casais felizes brigam, sim. Mas não é por tudo e nem é sempre. Sabem que a briga precisa ter começo (uma razão), meio (uma explicação) e fim (pedido de desculpas ou momento de solidão para que a situação seja digerida por ambos). A partir daí, conversar sobre o motivo da briga é até permitido, desde que a explosão não se repita e tenha como único objetivo a reconciliação.

16.
Interromper a briga na hora certa

A cena é clássica em filmes e seriados e temo que também faça parte da vida de muitos casais: começam discutindo, passam a um bate-boca acalorado e, de repente, lá estão eles, atirando vaso para um lado, copo de uísque para o outro ou um no outro. Se a dramaticidade desse grande estardalhaço combina com o teatro, me parece fazer um enorme estrago na vida real.

Já dissemos que brigar faz parte de uma relação a dois e muita gente concorda com isso. Agora, a maneira como se briga diz muito a respeito das intenções que se tem com relação ao outro. Quem briga e ultrapassa limites diz exatamente aquilo que vai ferir o outro, quem agride com vontade de magoar é porque tem como objetivo colocar um ponto final na história, sem deixar nenhuma dúvida de que não vai haver volta.

Por outro lado, os casais felizes – que muitas vezes também perdem as estribeiras e explodem um com o outro – sabem, instintivamente, a hora certa de parar. Conhecem os atalhos para interromper uma briga, simplesmente fugindo do campo de batalha e deixando o outro falar sozinho (é menos doloroso do que dizer coisas cruéis).

Quem quer preservar a relação amorosa sabe que, se alguns muros forem ultrapassados, dificilmente os caminhos de volta estarão abertos, mesmo que venham armados das melhores intenções ou todas as palavras de perdão. Portanto, não se destrói aquilo que, sabemos, seremos incapazes de colocar em pé outra vez.

Casais felizes sabem que...

Casais felizes têm noção de até onde podem ir e, em nome da relação que cultivam com o outro, conseguem minimizar a briga quando ela caminha rumo ao perigo. Isso se faz com uma piada, um toque corporal ou qualquer atitude que tranqüilize o estado de ânimo de ambos. Importante também é fazer isso na hora certa, porque depois, simplesmente, não tem volta.

17.
Dar apelidos um ao outro

Paloma era Lolomita e Pablo – não sei e nem quero saber por que – era Churrito, assim mesmo, com o R bem pronunciado. Cada vez que o casal de espanhóis, que encontrei numa viagem à Europa, surgia, eu prendia o riso. Do alto dos meus 18 anos, achava simplesmente ridículo o modo como se chamavam e tinha vontade de cair na gargalhada, quando começavam Lolomita pra cá, Churrito pra lá.

De fato, aqueles mimos amorosos pareciam bobos. Não para eles, mas para mim, que estava de fora daquela história, não conhecia a origem dos apelidos e nada tinha a ver com eles. Para Paloma e Pablo, ao contrário, os apelidos vinham carregados de amor, de devoção.

Dar apelidos faz parte do jogo amoroso de quem partilha intimidade com o outro. Não se chama de bubu, princesinha, neném, benzinho ou outra coisa qualquer uma pessoa que acabamos de conhecer, mas apenas alguém com quem temos liberdade absoluta. E é aí que mora o encanto do apelido: na intimidade desse pequeno abuso.

Casais felizes sabem que...

Casais felizes dividem segredos que não precisam e nem devem ser divididos com mais ninguém, sob o risco de o encanto se perder, de a graça se esvair. Entre esses sigilos estão os nomes que nos damos ou pelos quais nos chamamos nos momentos mais íntimos. Eles sabem que essa brincadeira não diz respeito a ninguém senão a si mesmos, fortalecendo de uma maneira delicada, infantil e, portanto, muito verdadeira essa relação tão fundamental construída em torno de nomes inconfessáveis.

18.
Fazer do outro o seu confidente

Quem ama sabe ou aprende a compartilhar. Isso quer dizer revelar ao outro o que até então nos pertencia completamente. Quando eu era criança, fui muito importunada por meu irmão mais velho que, como boa parte dos irmãos mais velhos, insistia em me dar um apelido ridículo. O meu era trombone. Gordinha, eu ficava tomada de raiva e esse sentimento ficou guardado em algum lugar dentro de mim até eu virar adulta. Um dia, sem nenhum motivo aparente, contei essa história para o meu marido e acabei chorando feito criança. Partilhar meu pequeno segredo me permitiu colocar para fora a tristeza que vinha me acompanhando havia anos. Graças ao ouvido paciente do meu amor, eu tinha conseguido me livrar desse sentimento ruim.

Muitas vezes podemos imaginar que para conquistar a confiança do outro é preciso revelar a ele tudo o que acontece na nossa vida, detalhe por detalhe. Não é bem assim, até porque nem sempre o outro quer saber do que nos acontece minuto a minuto. Confiar significa levar ao conhecimento do outro tudo o que for realmente relevante para nós mesmos: uma inquietação, uma grande felicidade, um problema, uma experiência vivida...

Quando confiamos na pessoa com quem vivemos, damos a ela a oportunidade de conhecer nossas emoções mais profundas e verdadeiras. É a grande chance para que um participe da vida do outro de uma forma importante e não superficial, o que representa a diferença entre casais que não se levam a sério e casais que pretendem construir uma história em comum.

Ao fazer do outro nosso confidente, estamos abrindo a porta para que ele entre, aconchegue-se no nosso coração e nos confie também seus segredos. Um fator importante é o cuidado que se deve ter para que a confiança não deixe a porta aberta de modo que permita que, com ela, entre a cobrança, o que vale para os dois lados. Quem confia ao outro seus segredos ou ouve silencioso as suas confissões não quer ser questionado. Conta porque quer contar, porque assim a relação fica melhor, mais fortalecida, mais verdadeira, mas isso não dá ao outro o direito de inquirir sobre algo que antes só pertencia a você ou usar disso contra você.

Casais felizes sabem que...

Casais felizes aprendem a fazer confissões, assim como descobrem a importância de ouvir e guardar segredos do outro como se fossem os seus. Apoiada em valores como a confiança e o respeito mútuo, a relação afetiva de casais que confiam um no outro fica, a cada dia, mais sólida e indestrutível.

19.
Partilhar segredos na cama

Sabe aquele olhar cúmplice que quer dizer: "Só você sabe o que eu estou pensando e o que estou pensando tem tudo a ver com você"? Pois bem, os casais felizes dominam a arte de falar sem precisar dizer uma palavra. Minha amiga Barbara é louca por velas e cremes de massagem. Usou seus acessórios com maestria e uma pitada de sadismo para enlouquecer todos os namorados que teve. No dia em que se casou, me contou que o marido a presenteou com uma caixa enorme de velas perfumadas, óleos, pomadas, cremes e ungüentos para massagens sensuais. Certa ocasião estávamos jantando num restaurante e, nem bem o garçom se aproximou da mesa para acender as velas do candelabro, flagrei uma troca de olhares maliciosos entre Barbara e o marido. De repente, os dois caíram na risada e eu, silenciosamente, pude entender o porquê.

Quando a gente está na mesma sintonia do companheiro, é fácil saber se ele está a fim de fazer sexo e, a partir daí, embarcar junto na mesma viagem. Mais: sob os lençóis (ou em qualquer outro lugar), o que importa é nos permitir novas sensações que serão só nossas, sem pudores, sem medo, sem vergonha.

Dividir segredos quando fazemos sexo significa inventar brincadeiras que dão prazer para ambos, assim como se arriscar por novos caminhos para buscar satisfação. E esses segredos são tão íntimos que não pertencem e não devem ser divididos com mais ninguém, além do nosso parceiro ou parceira.

Quando estamos fazendo amor com o companheiro que nos faz feliz, literalmente, vale tudo que seja de consenso da dupla. Em outras palavras, se um quer e o outro também, ótimo, porque esse tipo de sexo vai ser bom e fortalecer a relação. Outra coisa importante é deixar os mitos, os conselhos, as verdades absolutas de lado, porque em sexo vale aquilo que é bom para quem está praticando, mesmo que seja inconfessável publicamente.

Casais felizes sabem que...

Casais felizes percorrem as trilhas rumo ao prazer, porque depositam, um no outro, total confiança. Isso pode ser natural – uma espécie de empatia imediata –, mas também pode ser conquistado se ambos se mostrarem disponíveis para experimentar a vida.

20. Abrir mão do que não é tão importante

Você gosta de ir ao teatro, mas seu companheiro simplesmente detesta. Você adora ir às compras, mas ele abomina. Por outro lado, ele gosta de encontrar a família semanalmente e você acha que essas reuniões são tremendamente chatas. A atriz americana Nicole Kidman, que foi casada com o ator Tom Cruise, declarou certa vez que, em nome da paixão que sentia pelo marido, abria mão de ir aos restaurantes tailandeses, que ela tanto apreciava, porque o marido simplesmente detestava a cozinha tai: "Posso comer em um restaurante japonês e ser igualmente feliz, porque estou ao lado dele", disse ela.

Esses descompassos acontecem na vida de muitos casais. Inclusive os muito felizes, como era o caso de Nicole Kidman e Tom Cruise, que tinham muitas coisas em comum. O fato de um gostar de determinado programa e o outro odiar não é exatamente um drama. O problema é como esses prazeres e desprazeres serão administrados pelo casal, para que não se transformem em um campo de batalha dentro do relacionamento.

A princípio, um homem e uma mulher estão unidos porque se amam e não porque gostam de fazer rigorosamente as mesmas coisas o tempo todo. Afinidades são fundamentais para que a vida a dois seja agradável, o que não quer dizer que tudo que um faz seja apreciado pelo outro.

Ir cada um para um lado quando os desejos são incompatíveis pode ser uma solução imediata, mas não freqüente. Casais que fazem tudo individualmente acabam separados na vida real e não é isso que se pretende. Aqui, o mais importante é criar uma escala de valores: do mais fundamental e imprescindível ao totalmente dispensável. Considere, para si mesmo, aquilo que você gosta e quer fazer e o que não pode abrir mão de forma alguma. Em seguida, faça uma lista do que não é essencial para a sua felicidade e pode ser dispensado sem qualquer ônus para você, mas em benefício da sua relação com o outro.

Casais felizes sabem que...

Casais felizes se desapegam de coisas ou conceitos, porque sabem que isso é tão importante para o crescimento pessoal quanto fundamental para o fortalecimento de uma relação amorosa. Se ambos conseguem deixar de lado o que não tem tanto valor, só porque isso agrada ao seu par, esse desprendimento será reconhecido e reverterá em forma de afeto, o que lhes será muito proveitoso.

21. Encarar o mundo com os olhos do outro

Era começo do século XX. A jovem polonesa Helena Rubinstein sonhava em levar seu creme Valaze para além das fronteiras da Inglaterra. O então jornalista Edward Titus, um jovem promissor e muito apaixonado, decidiu abandonar a própria carreira para acompanhar a esposa em seu sonho. Assim tinha início a história do hidratante mais famoso do mundo e de um amor que durou quase trinta anos.

Se conseguíssemos nos colocar no lugar dos outros pelo menos uma vez por dia, certamente o mundo seria melhor, menos egoísta, mais pacífico. Pensar sob o ponto de vista do outro, procurando entender as atitudes e o que vai pela cabeça de quem faz parte da nossa vida, é um princípio fundamental para quem busca viver bem.

No caso de um casamento ou relação amorosa, colocar-se na pele do outro é primordial para compreender o parceiro na sua essência. Se ele age de forma agressiva com você, explode no meio do trânsito ou faz uma desfeita para uma pessoa querida, o mais fácil é recriminá-lo imediatamente, dar uma bronca, mostrar o quanto aquilo deixou você insatisfeito e irritado.

Se a atitude do outro foi realmente reprovável, é importante que você deixe isso claro. Mas antes de sair gritando, procure, por alguns momentos, colocar-se no lugar do outro: o que você faria se fosse com você? Teria uma atitude mais nobre? Seria mais diplomático? E, mais do que isso: tente se perguntar o que está levando seu parceiro a agir daquela forma, caso isso destoe completamente do seu comportamento usual. É possível que por trás de tudo isso estejam problemas que ele não está dividindo com você, mas que o incomodam muito.

Casais felizes sabem que...

Casais felizes não aceitam tudo o que vem do parceiro, mas procuram dividir aflições de forma que possam ser aliados e não inimigos disputando a razão. Colocar-se no lugar do outro faz você crescer aos olhos do seu companheiro. Isso, além de dar forças para ele, engrandece e fortalece a relação entre vocês dois.

22.
Ser exigente com o que é fundamental

Em vários capítulos anteriores falamos da importância de ser amigo, de estar ao lado do companheiro ou companheira, de se colocar no lugar do outro quando vive um problema. Vamos aproveitar agora para falar do momento certo de dizer não, de ser exigente com tudo aquilo que realmente faz diferença e importa para você.

Ao longo das entrevistas para este livro, conversei com Marion e Alan, recém-saídos de uma crise conjugal. Eles viviam juntos havia dez anos, quando ela finalmente engravidou. O bebê nasceu e Marion se incumbiu das fraldas, das papinhas, de providenciar a creche e até de comprar os presentes de Natal. Quando o menino fez 2 anos, Marion se deu conta de que criava o filho sozinha. Deu um ultimato a Alan e isso balançou o casamento por um ano. Vendo a mulher amada ficar cada dia mais distante, Alan finalmente assumiu a posição de pai e, graças a isso, resgatou todo o afeto de Marion.

Deixar passar pequenos deslizes não compromete a relação de vocês. Mas quem cede a todo instante e valoriza o desejo do outro em detrimento do seu próprio começa a se anular como pessoa e também como parceiro amoroso.

Quando você cobra do seu par que ele cumpra suas promessas, seja pontual e não deixe você esperando, não se esqueça de datas importantes, seja um bom ouvinte, um pai, uma mãe, enfim, um companheiro presente, está mostrando valores que compõem sua forma de encarar a vida. Em outras palavras: deixar claro para o outro aquilo que é importante para você faz com que ele compreenda melhor quem é a pessoa com quem vive e se mantenha alerta para atender as suas expectativas.

Casais felizes sabem que...

Casais felizes abrem mão daquilo que é menor, mas também sabem se manifestar nos momentos em que o importante é falar e não calar.

23.
Não apagar o brilho do seu amor

Todos nós vivemos ocasiões em que somos festejados. Pode ser no recebimento de um prêmio, na conclusão de um trabalho ou até mesmo na data do aniversário. Nesse dia, mesmo que a gente queira partilhar nossa imensa felicidade com quem amamos, é importante abraçar a ocasião com tudo o que temos direito. É fundamental receber os parabéns, ser felicitado, cumprimentado, enaltecido e, finalmente, se orgulhar por isso.

Acontece que alguns casais têm relações tão fechadas a ponto de sentirem-se invadidos na hora em que outras pessoas aparecem para celebrar. Foi o que aconteceu com Jin e Sylvie, dois colegas de trabalho com quem tive oportunidade de desenvolver alguns projetos. Num deles, Jin foi especialmente brilhante e acabou recebendo um prêmio de criatividade. Na noite da festa, Sylvie não deixou de controlar os olhares do marido um segundo sequer. Impediu que fosse beijado por outras companheiras de trabalho, manteve a fisionomia fechada e encerrou o evento com uma fortíssima dor de cabeça que fez com que saíssem antes da sobremesa.

A atitude de Sylvie reflete, além do ciúme de repartir o ser amado, também a inveja pelo brilho do outro, que não era dela, não lhe cabia, foi conquistado pelo companheiro. Querer apagar o brilho do parceiro não era a intenção inicial de Sylvie. Mas seu sentimento foi involuntário; quando viu, já estava mal-humorada, num canto da sala, tomada pela irritação de ter que ficar em segundo plano na vida do ser amado que, até então, era todo dela.

Casais felizes sabem que...

Casais felizes conseguem atingir um ponto de distanciamento à custa do amadurecimento da relação. É preciso compreender que aquele momento fugaz não diminui o amor do outro por nós e, ao contrário, se pudermos compartilhar da sua felicidade, seremos invadidos por ela também. Quem ama não teme perder o outro, mesmo que este se afaste temporariamente para comemorar uma vitória pessoal. Fica na retaguarda, esperando para também felicitar e compartilhar a alegria de uma conquista.

24.
Beijar na boca sempre

Marilyn Monroe dizia que uma história de amor pode começar com olhares, toques sutis e até insinuações picantes. Mas nascia verdadeiramente com o primeiro beijo na boca. Concordo inteiramente.

Deixar o beijo para segundo plano, substituí-lo por longos discursos e até por sexo é simplesmente permitir que o amor se perca e deixe de ser íntimo.

O beijo é a expressão mais genuína de intimidade entre um casal. É o começo da entrega do corpo e da alma, é o desarmamento mais gostoso de se sentir. Quem beija se deixa invadir pelo outro e procura invadi-lo na mesma intensidade.

Para beijar, no entanto, é preciso ter vontade. Em alguns momentos o desejo é por um beijo carinhoso, romântico, envolvente. Em outros, a vontade é percorrer o corpo do outro com a boca, explorar cada pedacinho, fazer despertar todas as sensações.

Beijar é sempre bom, não importa de que tipo seja o beijo, mas a prática é fundamental. Um estudo realizado na Universidade da Califórnia com cerca de 400 casais mostrou que quem vai deixando o beijo pra lá vai deixando o amor pra lá também.

Casais felizes sabem que...

Casais felizes se beijam ao longo da vida, muitos deles por décadas e décadas sem jamais terem perdido a vontade de tocar o outro com os lábios. É um segredo de felicidade, sem dúvida alguma.

25.

Não marcar hora para ser feliz

Assim como eu, talvez você também conheça casais que deixam para ser felizes nos fins de semana, nos aniversários de casamento, quando estão com os amigos... como se o bom da vida acontecesse com hora marcada. Meu vizinho Mark, por exemplo, mal beija a esposa ao sair para trabalhar, mas se compromete a levá-la ao motel (coisa que ambos gostam muito de fazer) todos os sábados, chova ou faça sol. Também oferecem uma grande festa anual para comemorar o aniversário de casamento. Nessas ocasiões, os amigos percebem, o casal se sente sinceramente muito feliz.

Acontece que a vida a dois é feita de rotina, de acordar e ir dormir juntos todos os dias, e é nesses momentos que queremos e merecemos ser felizes. É no dia-a-dia que precisamos entregar o melhor de nós mesmos para o outro, para que a vida cotidiana seja boa e não só o de vez em quando.

Quando se fala em entrega, se diz que o melhor amor acontece todo dia, toda hora. Ouvir do meu marido uma declaração de amor de surpresa, sem esperar, me faz imensamente feliz, mesmo que eu esteja no meio do preparo do almoço ou saindo para levar meu filho à escola. Seu positivismo me faz acreditar que para sermos felizes basta termos disposição.

Casais felizes sabem que...

Casais felizes têm uma existência satisfatória e plena todos os dias. Claro que em alguns momentos vivemos consternações, nos sentimos infelizes... Mas quando somos capazes de nos entregar e temos o outro todo para nós, de corpo, alma e coração, ficamos mais completos e preparados para aquilo que possa vir a nos contrariar.

26. Se esforçar para conhecer o outro

"Eu não conhecia aquele homem" ou "Eu não sabia quem era aquela mulher"? Lamentavelmente todos nós já ouvimos este tipo de afirmação quando um casamento chega ao fim. Essas frases parecem ser bastante freqüentes e o motivo é simples: se o outro não nos permite conhecê-lo profundamente, somos tão culpados quanto ele, por não nos esforçarmos para desvendá-lo em sua essência.

Quando estamos amando, escondemos a todo custo o nosso lado ruim, por medo de que nossas más características nos desabonem. Ninguém conhece, se apaixona e deseja viver com uma pessoa de personalidade mesquinha, mal-humorada etc. Se desejamos o outro, é porque admiramos o melhor da sua personalidade, o que, convenhamos, também é mais fácil de ver e de mostrar.

Buscar um conhecimento mais profundo é tão bom para nós quanto é importante para o futuro do relacionamento. Primeiro porque isso evita decepções em série. Segundo porque, enxergando suas deficiências, fica mais fácil amar seus atributos.

Finalmente, o ditado que diz que quem ama o feio bonito lhe parece é mais do que verdadeiro. Quem gosta não apenas aceita o outro como ele é, como também está disposto a dar suas contribuições para que melhore, assim como espera que o outro faça o mesmo da sua parte.

Casais felizes sabem que...

Casais felizes amam o lado bom um do outro mais do que abominam seus defeitos. Isso permite que a relação mantenha seu encanto e que ambos se sintam valorizados em suas particularidades.

27.
Achar que seu amor precisa de você

Brian, um jovem empresário da construção civil, que encontrei no cartório quando fui registrar meu apartamento, fazia o tipo playboy bem resolvido. Mas bastaram dez minutos de conversa na sala de espera para o rapaz começar a se queixar de solidão, dizendo que seus namoros não duravam mais do que dois meses. Um ano depois voltei a encontrá-lo no teatro, a fisionomia alegre, esfuziante. Soube que tinha conhecido uma mulher para quem repetiu seu discurso sobre estar só e infeliz. Imediatamente, ela havia rebatido, dizendo que também estava só, mas era uma mulher feliz e a única coisa de que não precisava era um companheiro triste ao seu lado. Isso fez com que ele refletisse a respeito, mudando de atitude e apostando de verdade em uma relação. Vivem juntos e ambos estão felizes.

Quem está bem, absolutamente resolvido e sozinho, não fica se queixando da vida e nem procura outro para se estabelecer. E, se procura, das duas, uma: ou não está tão bem assim ou não está querendo companhia de verdade, mas, sim, apenas passar o tempo.

Quando conhecemos alguém, nos dispomos a namorar e, depois de algum tempo, a viver com essa pessoa, é porque, de alguma forma, ela nos completa e nos faz um bem enorme.

Se nós identificamos isso de forma tão clara, seria absurdo negar que o outro não sentisse exatamente a mesma coisa. Ser essencial para alguém é fazer com que o outro sinta falta de nós. É deixá-lo morto de saudades quando nos ausentamos, é querer ouvir a nossa opinião quando não estamos por perto, é precisar da nossa presença física quando é impossível nos ver e tocar.

Quem acha que não faz falta para o outro é porque não tem certeza do amor que este sente e duvida das razões pela qual essa união existe. Nessa hora, é preciso se certificar para continuar vivendo junto e em segurança, porque não há relacionamento que dure se o parceiro é dispensável ou não precisamos dele tanto assim.

Casais felizes sabem que...

Casais felizes sabem que solidão é um sentimento que não faz parte da vida deles por muito tempo. Pode acontecer, dar os ares da graça de vez em quando, mas é um sentimento passageiro. Quem ama e é feliz ao lado do outro precisa deste no sentido do afeto, do companheirismo, coroando tudo isso com a presença física do ser amado.

28. Não falar mal do parceiro

Acho que sempre vou me sentir irritada com gente que fala mal do parceiro com quem vive só para ser o centro das atenções à custa das mazelas do outro. Numa tarde do último verão, quando estava no clube com minha família, tive o desprazer de observar a seguinte cena: "Uma loira de 30 e poucos anos, absolutamente em forma dentro do seu biquíni branco, alardeava em alto e bom som a lista de defeitos do marido, a começar pela barriga de cerveja. O pobre, enfiado atrás do jornal, resignava-se ao falatório até que, penso eu, a paciência se esgotou. Sem dizer uma palavra, levantou, vestiu a camiseta, pegou a chave do carro e deixou a loira falando sozinha".

Quando ouço uma esposa falar mal do marido ou vice-versa, me incomoda muito mais o tom de piada, a tentativa de expor o parceiro ao ridículo, do que propriamente a revelação de um defeito. Acho desprezível denegrir, em público, a imagem da pessoa com quem se vive com o nítido objetivo de diminuir a auto-estima do outro.

Falar mal do marido ou da mulher é um esporte que se pratica há milhares de anos e muita gente acha graça nisso. Eu não acho e ainda questiono: se fulano é tão desprezível e cheio de defeitos, por que estamos ao lado dele? Não merecemos nada melhor? O jogo de falar mal pode funcionar socialmente, colocar as pessoas de forma divertida na berlinda, mas, tenha certeza, deixará cacos pelo meio do caminho, os quais podem comprometer a relação. Não sei o que aconteceu com o casamento da loira do clube, mas uma coisa eu posso adivinhar: nem ela e nem ele estão felizes um com o outro.

Se na roda de amigos, num encontro com a família, é praticamente impossível não presenciar o jogo de falar mal, seu esforço deve ser no sentido de, definitivamente, não participar.

Casais felizes sabem que...

Casais felizes resolvem seus problemas no âmbito do relacionamento e não com interferência do grande público. Ironizar o outro, fazer piada da sua falta de qualidades denota falta de respeito, e, sem essa condição básica, não se constrói uma relação feliz e duradoura.

29. Divertir-se (a dois) diante da vida

Nada é tão grave que não seja passageiro ou possível de ser suportado. Principalmente se você contar com o apoio do seu companheiro. Pensar assim é uma maneira de encarar fases difíceis com um olhar menos crítico e desesperado.

Quando meu amigo Harry perdeu a empresa para o sócio, depois de 15 anos de trabalho conjunto, chegou arrasado em casa. Beth, a quem conheço desde a infância e a quem admiro pelo senso prático, decidiu colocar o companheiro para cima e anunciou: "Vamos viajar amanhã, bem no meio da semana, e curtir uns dias na praia. Na volta, tudo vai estar diferente". Depois de muito sol, mar, sexo sem hora marcada e o contato afetuoso entre os dois, o casal voltou para casa. Harry, claro, tinha outro ânimo. Tendo Beth como sócia, criou uma nova empresa que ainda não dá muito dinheiro, mas permite aos dois uma vida mais tranqüila e divertida, com mais tempo para os filhos e menos sobressaltos.

Quando você se propõe a ter uma visão bem-humorada da vida, precisa saber que, em dezenas de ocasiões, a tarefa não será fácil. Filhos nos contrariam e fazem o que não queremos que façam, o que muitas vezes acaba em brigas de casal. Em outras ocasiões, o dinheiro está curto e não é suficiente para quitar as contas do mês. Resultado: mais brigas.

Casais felizes sabem que...

Casais felizes aprenderam que, juntos, têm força dobrada para encarar, enfrentar e resolver os problemas. Sabem também que o bom humor é um grande aliado para lidar com as adversidades e deixar o casal cada vez mais unido. São felizes justamente porque usam o bom humor em seu próprio benefício.

30. Fazer planos de viagens (e cumpri-los)

Os turistas de plantão concordam: viajar é viver mil vezes no tempo de uma vida só. Viajar é rechear a nossa existência de emoções, de conhecimentos inusitados, de paisagens desconhecidas... Se viajar sozinho é bom, a dois é maravilhoso, porque nos permite fantasiar em muitos cenários diferentes.

Há mais de 15 anos assisti ao filme *Shirley Valentine*, que me marcou para sempre. Shirley é uma mulher casada, que ama o marido, mas vive infeliz ao lado dele. Para desabafar, conversa com as paredes, com as panelas e até com o cachorro da vizinha. Um dia, ganha uma passagem para a Grécia – paisagem que sempre povoara seus sonhos – e decide dar o basta. Viaja sozinha e acaba encontrando um amor grego. Desesperado, o marido, que jamais saíra da própria cidade, entra num avião e vai atrás de Shirley. No final do filme, em meio às casinhas brancas de Mikonos, eles se reencontram e revivem uma paixão que andava adormecida, mas que ainda existia.

Esse filme me mostrou que tudo, até falta de dinheiro, é contornável, quando se deseja viajar. Se querem ir a Paris, deixem de gastar com bobagens, passeios que não acrescentam nada ao casal, roupas novas e jantares em restaurantes caríssimos. Guardem o dinheiro para viajar e, de preferência, comprem euros que vão ficar no cofre, esperando o dia do embarque.

Invistam em mapas, pesquisem na internet as cidades que gostariam de visitar, recortem páginas de revistas com informações interessantes... planejem. Assim como uma festa é boa de se esperar, as viagens já começam a ser vividas quando começamos a fazer nossos planos.

Casais felizes sabem que...

Casais felizes plantam seus sonhos e esperam, ansiosos, o dia de colher. Alimentam o bolso e se alimentam de ilusões que, mesmo a longo prazo, acabam se concretizando e sendo lembradas com carinho para o resto de suas vidas.

31.
Dar presentes inesperados

No aniversário de namoro você dá um presentinho, no aniversário de casamento, um presentão. No Natal o presente é especial e no aniversário do seu amor é mais ainda. Ótimo que seja assim. Só que esse tipo de presente é esperado, está dentro do previsto e você não vai contar com ajuda da surpresa para deixar seu companheiro de olhos brilhando.

Durante cinco anos fui colunista de uma revista feminina, em que coordenava um grupo de quinze funcionários. Um dia, contratei um rapaz jovem, de ótimo astral e boa conversa. Saíamos para almoçar de vez em quando e, toda vez que eu o via abrindo sua carteira para pagar a conta, percebia um olhar cheio de saudade para a fotografia de uma moça sorridente. Certa vez, ele não se conteve. Saiu do restaurante, me pediu para acompanhá-lo até uma papelaria próxima, onde comprou um belo cartão. Lá mesmo rabiscou algumas palavras e desenhou um coração. De volta à redação, vi que amarrou ao envelope um bombom de cereja. No dia seguinte, meu funcionário chegou radiante e levei um enorme susto quando, meio envergonhado, me confidenciou que aquela fora uma noite de amor e sexo inesquecível.

Dar presentes inesperados significa que você lembra do seu amor em todas as horas, principalmente naquelas em que ele está longe e você gostaria que estivesse bem perto.

O presente inesperado não precisa ser caro, grande ou imponente. Mas precisa agradar. Não deve ser só do seu gosto. Deve extasiar seu parceiro. Vale uma caixa de bombons de cereja como fez meu funcionário, vale uma lingerie muito audaciosa para viver uma noite de sexo ardente e explícito, vale um vidro de perfume que ele aprecia ou até uma garrafa de champanhe que vocês vão tomar juntos.

Casais felizes sabem que...

Casais felizes se presenteiam ao longo da vida na intenção de surpreender e dar pequenos prazeres ao ser amado. Permitir que a imaginação voe, deixar o pensamento correr livre é bom e vale a pena. Essa é a diferença entre companheiros que se amam de verdade e os outros.

32. Refletir sobre a relação (em vez de discutir)

Tive uma amiga, Stephany, que adorava discutir a relação com o marido. Mal acabavam de fazer sexo e, pronto, lá estava ela preparada para conversar com o marido sobre como tinha sido, por que tinham feito de um jeito e não de outro e coisa e tal. Muito bem: um dia, Eric a ameaçou. Não fisicamente, mas ameaçou. Se ela não parasse com aquela história de querer discutir a relação, ele iria embora. Eric se sentia ameaçado ao pressentir cada uma daquelas conversas. Queria viver a história do seu casamento sem ter que questionar, a cada 24 horas, se estava conduzindo bem a vida ou não. A princípio, Stephany se irritou, ficou confusa, porque, na sua cabeça, só estava tentando acertar. Depois foi se conformando e aprendendo que nem sempre sua necessidade de refletir sobre o relacionamento espelha também o desejo do outro.

Refletir é dar um tempo para si mesmo, colocando na balança pontos que, às vezes, não parecem muito claros. Quem não reflete sobre as relações corre o risco de repetir erros sem se dar conta do que está fazendo. Isso pode ser prejudicial para você mesmo, para o outro e para a história de vocês. Mais: quem não se permite pensar sobre o relacionamento amoroso também não abre portas para que o outro possa falar sobre a questão.

Contudo, o movimento da reflexão é solitário e pode, ou

não, desembocar numa discussão entre o casal, quando problemas precisarem ser esclarecidos. O que não quer dizer transformar o debate em ritual, sob pena de desgastar o outro, em vez de fortalecer o casamento.

Casais felizes sabem que...

Casais felizes falam de si, de suas expectativas, dos seus sentimentos, mas também entendem que o outro tem limites e seus próprios momentos. Falar e saber ouvir mantém viva a relação de vocês, porém não pode ser uma prática forçada, exigida, cobrada por ninguém.

33.
Não ser o pior inimigo do seu parceiro

Eu nem bem havia me mudado da casa, quando encontrei minha vizinha aos prantos no meio da calçada. Perguntei se poderia ajudar e ela me disse que o marido tinha acabado de deixá-la. Michelle estava cansada dos pequenos defeitos do marido, tinha apontado o dedo para ele e desfiado o rosário de erros que havia cometido ao longo da vida. Sem ser capaz de suportar tanto peso, o companheiro de 20 anos fez as malas e partiu, dizendo que não conseguia mais ver na amada a mulher que, um dia, o apoiara. "Estou vivendo com uma inimiga", dissera ele.

Quando convivemos intimamente com alguém, é possível conhecer não só as suas virtudes, mas também descobrir profundamente os seus defeitos. No entanto, não podemos usar isso para tirar vantagem e nos darmos bem só porque conhecemos um ponto fraco do outro.

O parceiro que usa isso como arma assume um papel desleal dentro da relação. Se ele confia a você suas inseguranças, faz de você depositário de alguns segredos e, num momento de absoluta vulnerabilidade, você pega essas armas para atacá-lo, está sendo traiçoeiro e nunca mais será merecedor de confiança.

Para viver com alguém não basta ter afinidades emocionais e sexuais ou gostar profundamente como muita gente pensa. Quem opta por viver um grande amor precisa se dedicar a ser também um grande amigo, alguém em quem se possa confiar de olhos fechados. E não vale ser amigo e cúmplice só quando o companheiro acerta, faz coisas boas, dignas de elogios. Assim a vida seria fácil.

Casais felizes sabem que...

Casais felizes não julgam o outro porque sabem que essa é uma forma fácil de colocar o relacionamento na berlinda. Em vez disso, descobrem como ser solidários, atitude essa que coloca luz na vida e abre mais possibilidades para o amor continuar existindo.

34.
Provocar, no bom sentido

Hollywood é expert em criar esta cena: a mocinha tira o sapato por baixo da mesa, começa a deslizar o pé descalço pelas pernas do parceiro até que ele fica sem saber onde colocar o garfo, derruba vinho na toalha, enfim... perde o rumo. E sabe por que o cinema abusa tanto desse recurso de sedução? Porque funciona na vida real e provoca identificação com o público. Provocar faz o outro ficar ligado em sexo, querer você acima de qualquer coisa.

Fazer jogos sensuais é uma forma de esquentar o que anda morno, com pouca motivação, por culpa da rotina, dos desgastes e dos problemas do dia-a-dia. Exige que se invista alguma energia, isso é certo. Mas, se você conhece bem o seu parceiro, faça valer essa intimidade e arme-se para seduzir. Vista-se de forma provocante, beije seu companheiro em pontos estratégicos. Para os homens, a provocação pode ser mais sutil, menos corporal: leve-a a um lugar paradisíaco, solitário, onde ela se entregue. Exalte cada parte do corpo dela como se fosse a única, beije-a com vontade e sem limites.

Casais felizes sabem que...

Casais felizes aceitam que a vida não é romântica todos os dias, que o telefone toca quando vocês vão fazer amor e que não dá para dispensar a mãe ou a sogra fingindo que a linha caiu. Mas também conhecem artifícios para fugir da realidade, voltando a descobrir o parceiro e a se apaixonar perdidamente por ele de tempos em tempos.

35. Fazer promessas e cumprir

Você já fez promessas e não cumpriu? Se a resposta foi positiva, você não é uma exceção. Muita gente promete sem ter certeza de poder cumprir, o que alimenta a expectativa do outro e provoca desilusão, além de nos causar uma grande frustração.

Teve um ano em que eu participei de uma série de palestras e conheci Julie, que, apesar de ser psicóloga, não conseguiu evitar a armadilha da promessa não cumprida. Quando se casou com Arthur, ele prometeu: vamos ter um filho em, no máximo, três anos. Mas o tempo passou, o dinheiro estava sempre curto, ele não se animava e ela não era capaz de traí-lo dizendo que estava protegida por algum anticoncepcional sem estar de verdade. Resultado: o bebê sonhado não veio e Julie se desencantou. Conheceu outro, se apaixonou e, com ele, conseguiu realizar o sonho de ter filhos. Hoje, mãe de três meninos, ainda lamenta a frustração e o tempo que perdeu com Arthur.

Fazer promessas significa alimentar a expectativa do parceiro, deixá-lo à espera de algo especial que ainda está por vir. Se você desiste do que prometeu no meio do caminho, seja lá por que motivo for, precisa informar o outro, caso contrário, vem a decepção. E um amante decepcionado, muitas vezes se julga no direito de buscar satisfação em outras bandas, já que seu porto seguro não lhe parece mais confiável.

Casais felizes sabem que...

Casais felizes são assertivos, pensam e planejam a vida de forma concreta. Isso os ajuda a cumprir aquilo que prometem um ao outro e para si mesmos.

36.
Ver o lado bom do outro

Meu *personal trainer* é um jovem alto, com músculos definidos, pele bronzeada e um rosto encantador. Um dia, ele conheceu uma moça franzina, de fala suave e tímida. Inicialmente não viu nela o que pudesse despertar seu interesse. Durante a convivência na faculdade de Educação Física, no entanto, foi descobrindo o quanto a colega era brilhante, cheia de idéias surpreendentes, coisas que, para ele, pareciam muito compensatórias. Foram convivendo e, com o passar dos anos, perceberam que havia muito mais em comum do que pudessem supor. Casaram-se há dois anos e mantêm um casamento feliz, no qual ambos sabem respeitar as diferenças e valorizar os pontos positivos do outro.

A vida é muito mais fácil de ser vivida quando escolhemos olhar as coisas e as pessoas pelo seu lado bom. É um exercício que, se for praticado diariamente, vai ajudar você a tirar proveito da relação a dois e das situações cotidianas.

Assim como as mulheres belas e os homens sedutores têm um lado feio – podem ser egocêntricos, cansativos, pouco comprometidos –, as pessoas feias, ou aparentemente desinteressantes, podem ter aspectos maravilhosos da sua personalidade, basta procurar.

Para descobrir o lado bom do outro, sugiro duas coisas fundamentais. Em primeiro lugar, é preciso dar chance ao parceiro para que ele se mostre, revele quem é de fato. Em seguida, faça como o meu *personal trainer*: elogie cada ponto positivo da personalidade do parceiro. Isso funciona como uma injeção de ânimo para que ele continue dando o melhor de si.

Casais felizes sabem que...

Casais felizes sabem que esse tipo de jogo só funciona quando ambos os parceiros jogam bem, sem competição, mas com a intenção de fazer a história dar certo.

37.

Não culpar o outro por tudo

Conviver é bom e perigoso. Bom porque a gente desfruta da intimidade do outro. Perigoso porque essa intimidade pode ser uma armadilha fácil para quem não estiver preparado para dividir espaços, emoções e culpas.

Uma tarde, na casa de minha sobrinha, vi sua sogra chegando sem avisar. Vinha de maleta em punho, pronta para desfrutar a tarde de sol na piscina, julgando-se no direito de invadir a privacidade do filho e da nora. Minha sobrinha respirou fundo, contou até mil, mas não se acalmou. Então entrou na piscina e nadou velozmente durante quarenta minutos, até se sentir mais aliviada. No fim da tarde, o marido a abraçou e disse: "Obrigado por se controlar e não despejar sua raiva em cima de mim. Simplesmente não tive culpa".

Na verdade, a culpa era da própria sogra, que tinha chegado sem avisar, e não adiantava nada brigar com o marido, porque aquilo só pioraria a situação. Quantas vezes alguma coisa dá errado e, sem saber a quem culpar, despejamos nossa raiva e acabamos culpando quem está mais perto de nós, o companheiro? Que isso aconteça uma vez ou outra e que nós mesmos sejamos vítimas do outro ocasionalmente, vá lá. O que não dá para suportar é ter que representar o vilão de uma história em que, muitas vezes, o que estamos querendo é ser heróis.

O amor suporta esses choques e é capaz de resistir bravamente a alguns tipos de injustiça, mas se desgasta, e um dia, sem que um ou outro perceba, o afeto acaba, se transforma em ressentimento, destruindo a relação.

Quando a vida parecer difícil de agüentar, cheia de contrariedades e problemas, o melhor que você tem a fazer é distribuir sua angústia ou mesmo sua raiva na direção de onde ela veio. Assim, você não provoca no parceiro a sensação desagradável de que ele está pagando por um pecado que não cometeu e respondendo por uma culpa que não é dele.

Casais felizes sabem que...

Casais felizes até se lamentam por contingências da vida, mas não despejam no outro as mágoas que este não causou. Isso é injusto, desleal e corrói a relação de forma, muitas vezes, irreversível.

38.
Partilhar as crises

Durante a elaboração deste livro aprendi muito com alguns entrevistados. Foi assim com Kathy. Ela vive uma crise que não tem nada a ver com o parceiro. Está em dúvida sobre mudar ou não de trabalho, aceitar ou não uma proposta de emprego. Isso a está deixando confusa, irritada e, muitas vezes, deprimida. Kathy consegue manter a clareza da situação e está usando seu companheiro para dividir a dura tarefa de ter que decidir a vida. Não que ele tenha a melhor solução para o problema, mas não o toca diretamente e, portanto, ele está menos comprometido com a situação e consegue ser mais frio, mais objetivo, coisa que está ajudando a executiva a tomar a melhor decisão.

Decidir sobre questões complicadas é uma tarefa árdua, que se simplifica à medida que nos sentimos apoiados, amparados por alguém que quer nosso bem e a quem amamos.

Casais felizes sabem que...

Casais felizes sobrevivem aos altos e baixos da vida e partilham as crises, porque, a dois, sabem que é mais fácil encontrar uma solução. Nem sempre é simples, no entanto, quando podem contar com o outro, tudo fica mais fácil.

39. Namorar com muita freqüência

Namorar quer dizer inspirar amor em alguém, cativar o outro, desejar ardentemente o pretendente. Se a tradução para essa palavra contém sentimentos tão fortes, por que será que, depois de estabelecer uma relação afetiva estável, nós nos esquecemos de praticar o namoro, como se o outro já estivesse ganho, não precisasse mais ser conquistado por nós?

Moro num bairro arborizado e todos os dias saio para caminhar bem cedo. Antes das sete da manhã encontro diariamente o casal Elizabeth e Adrian, dois alemães de cabeças brancas, mas olhos muito ardentes. Outro dia, depois de presenciar uma sessão de alongamento, em que ele a ajudava a esticar a coluna, Adrian me disse: "Agora vamos para casa tomar nosso café e namorar um pouquinho. Essa caminhada abre completamente nosso apetite".

Se você sabe bem o que é pretensão, pode entender o que senti quando ouvi as palavras de Adrian. Pensei que, quando meus cabelos também estiverem bem branquinhos, vou querer ser assim, ativa, apaixonada e acesa como eles.

A vida de um casal é cheia de desafios e também de muitas tentações. Quando esquecemos de manter a chama do namoro acesa entre nós e o objeto do nosso afeto, corremos o risco de um outro vir e fazer aquilo que deveríamos estar praticando com extrema dedicação.

Quem pensa que só porque já se casou ou mantém uma relação muito duradoura não corre riscos está se apegando a uma falsa segurança. Assim como gostamos de ser conquistados o tempo todo, devemos nos manter atentos para conquistar o outro no dia-a--dia, fazendo pequenos carinhos, preenchendo suas expectativas afetivas, nos mantendo por perto e bem alertas.

Casais felizes sabem que...

Casais felizes, que estão juntos por pouco ou muito tempo, conservam o traço do namoro como uma característica comum. Nesse caso, vale um beijo mais ardente, um passeio de mãos dadas, um abraço com entrega..., o que não vale é descuidar do outro, deixando de trazê-lo sempre para perto do nosso coração.

40.
Manter o romantismo depois dos filhos

Filhos são maravilhosos, trazem alegria à vida, nos renovam e proporcionam aquele sentido de perpetuação que é tão bom para os pais. Mas filhos também tumultuam um bocado a relação a dois.

Quando Dora, minha secretária e amiga, engravidou, jurou para Jerry que estariam mais unidos do que nunca. Mas o bebê nasceu e em menos de dois meses a vida do casal tinha virado de pernas para o ar. Acreditavam que o primeiro ano seria difícil, mas que as coisas ficariam mais fáceis depois. Não ficaram. Hoje, Lisa tem 4 anos, manda na mãe, no pai, na família inteira, que não consegue impor limites para as travessuras da menina. Mais: o casamento de Jerry e Dora está por um fio.

Fico estarrecida com essa história e consulto mães na porta da escola do meu filho, para saber se a história se repete. A resposta é sim. E muito. Estão por toda parte os pais que deixaram de viajar, que nunca mais dormiram fora de casa, que já esqueceram o que é um cinema e que não conhecem mais restaurantes, senão aqueles que servem nuggets, hamburguers, batatinhas e sorvetes.

Então, me pergunto: se acabaram de chegar as nossas vidas, por que permitimos que nossos filhos mandem em nós, desmontem o casamento, anulem nossa sexualidade? Uma psicoterapeuta, acostumada a lidar com esse tipo de problema, me garantiu que a culpa não é dos pequenos, mas dos pais. Nós é que não sabemos impor limites, não os ensinamos a dormir cedo para podermos namorar em paz uma noite inteirinha sem interrupção.

Casais felizes sabem que...

Casais felizes e com filhos se mantêm unidos porque alimentam o afeto adulto que têm um pelo outro, sem que as crianças invadam esse universo que não lhes pertence. Casais felizes garantem a sobrevivência do romance, apesar dos filhos; dizem que é preciso, custe o que custar, manter o espaço do casal sem permitir interferências. Casal unido, bem resolvido, crianças mais seguras e família mais feliz.

41.
Saber pedir perdão

Quem assistiu ao megassucesso *Love story*, exibido nos anos 1970, jamais esqueceu a cena: tomada por uma doença incurável, a mocinha recebe o pedido de perdão do seu grande amor. Ele se desculpa por não poder salvá-la da doença, por ter desconfiado dela em algum momento, por tudo de mal que possa ter causado à amada em seus últimos instantes de vida. Como num derradeiro suspiro, ela coloca o indicador em seus lábios e pede que se lembre da verdade em que sempre acreditaram: amar é não ter jamais que pedir perdão. Sobe o som da trilha sonora e o cinema, em peso, se derrama em lágrimas pela dor de um amor surpreendido pela morte.

Como milhares de adolescentes que assistiram ao filme, eu também chorei e, durante algum tempo, acreditei que amar fosse não ter jamais que pedir perdão. Felizmente amadureci e percebi que isso pode ser lindo no filme, mas não combina nada com a vida real. É licença poética das mais descabidas.

Na vida a dois, pedir desculpas quando você conclui que fez o que não devia ou disse algo que magoou o outro é muito importante, sim senhor. Constatar a culpa não é fácil, mas aquele que é capaz de se auto-analisar cresce, quando percebe seus erros e procura se redimir diante do outro.

Casais felizes sabem que...

Casais felizes não passam a vida pedindo perdão um ao outro por seus deslizes, até porque a repetição das desculpas faz com que elas percam o sentido. É como se toda falha pudesse ser anulada diante dessas duas palavras simples: me desculpe. Pedir perdão é bom para quem pede, porque tira um peso dos ombros, e para quem concede, porque passa a ser o grande responsável por restabelecer laços, fazendo tudo voltar ao lugar, apesar dos pesares.

42.
Não ser desmancha-prazeres

Todo dia vejo um comercial na televisão que me faz sorrir. Um jovem engravatado abre a porta da casa, dá um grande sorriso para os pais e declara: "Consegui! O emprego é meu!". O pai, cheio de orgulho, abraça o filho e esconde os olhos molhados nos ombros do rapaz.

Ao longo da vida não mudamos muito e continuamos necessitando da aprovação das pessoas a quem queremos bem.

Quando a gente se realiza em algum campo da vida, sente uma vontade imediata de exibir o feito. Se temos um grande amor, corremos para ele e contamos o que aconteceu e vibramos em parceria, como fez o garoto com o pai. Se do outro lado encontramos sintonia para a nossa exultação, ela cresce, se confirma, ficamos com a certeza de que o que conseguimos foi mesmo uma grande coisa.

Mas se, ao tentar repartir com o outro, não ouvimos qualquer eco, o castelinho se desmorona. Se aquele a quem amamos não nos dá ouvidos ou faz pouco caso da nossa vitória, a relação corre perigo e, em algum momento, vamos despejar nossa decepção com alguns berros, lágrimas ou um afastamento inconsolável.

Quem ama e quer manter uma relação feliz com o outro precisa aprender a partilhar crises e também prazeres (mesmo que os prazeres do outro não nos pareçam grande coisa).

Casais felizes sabem que...

Casais felizes sabem dizer: estou feliz por você. Porque quem ama verdadeiramente se felicita pelo outro com sinceridade e nenhuma ponta de inveja.

43. Declarar seu amor todos os dias

Todo dia Dennis, diagramador de uma revista para onde escrevo artigos, se queixa: "Suzzy sabe que eu a amo, mas quer que eu repita, e repita, e repita. Será que ser fiel e estar por perto o tempo todo não é o suficiente?", questiona ele, que não compreende a necessidade que a esposa tem de ouvir suas declarações de amor, mesmo sabendo ser a única na vida dele.

De fato os homens têm mais dificuldade de se declarar do que as mulheres e acham que muitas vezes uma boa atitude substitui a declaração em forma de palavras. Já as mulheres pensam diferente: acham que a palavra dita é a palavra sacramentada, aquela que vale de verdade. Um bom exemplo disso eu vi, outro dia, num filme. A jovem dizia: "Parece que ele me ama mesmo, mas está faltando dizer com todas as letras".

Quando um casal apaixonado se declara seguidamente, é como se ambos trabalhassem em prol da auto-estima alheia, fortalecendo seus egos, fazendo acreditar que, apesar de muitos problemas, a vida é boa porque temos quem nos queira. Por meio de palavras, atitudes ou pequenas demonstrações, deixar claro que o amor continua existindo e que o sentimento em relação ao outro nos alimenta o coração é fundamental para o destinatário da mensagem.

Casais felizes sabem que...

Casais felizes verbalizam a frase EU TE AMO e também se manifestam de alguma maneira para reforçar o sentimento. O que jamais fazem é ocultar aquilo que sentem um pelo outro, para não correrem o risco de que o inseguro parta em busca de declaração mais explícita, deixando o companheiro amargar o sentimento de derrota porque não soube expressar o que tinha de melhor.

44. Não ser dominador (e sufocar o outro)

Grayce revira os bolsos do namorado sempre que pode. Linda cheira as camisas do amado. Robert espera a esposa dormir para abrir sua agenda. Michael pediu, como prova de amor, a senha do correio eletrônico da amada e checa todas as mensagens que ela recebe. Não, eles não são personagens de nenhum filme. São gente de verdade e foram entrevistados por mim no decorrer da preparação deste livro.

Para garantir que a relação vai bem e não há mais ninguém no jogo, muitos parceiros sufocam o outro, querem saber detalhes do dia-a-dia, controlam o cartão de crédito, checam cada informação como se ela fosse a armadilha tão esperada para o companheiro ser pego desprevenido.

Amor pressupõe confiança e quem domina – ou quer dominar – não confia, amedronta. O parceiro que pretende impor, impedindo o outro de agir, respirar, viver ou ser de uma forma autêntica, esgota a relação de tal forma que só consegue ter uma sombra do outro, aquilo que sobrou dele e não alguém por inteiro.

Quem ama permite ao outro ir e vir, pensar e agir, mesmo que isso, intimamente, lhe custe muita dor. Se você tem personalidade dominadora, precisa cuidar de si mesmo, para não se transformar em algoz do ser amado. Preste atenção para que o ciúme não tome conta da sua vida e para que as fantasias não ocupem o lugar da realidade.

Casais felizes sabem que...

Casais felizes dão espaço e liberdade para se manifestarem em suas particularidades. Se o outro for aquilo que você quer que ele seja, deixará de ser a pessoa por quem se apaixonou e perderá seu encanto ou será descartado. Respeitar as individualidades é uma premissa fundamental para fazer qualquer relação dar certo por muito tempo.

45. Adaptar-se à história de vida do outro

Jane se casou com Peter e levou para casa, de bônus, os dois filhos do primeiro casamento dele. Com 9 e 12 anos, as crianças vivem em pé de guerra com a madrasta, que já não tem vida própria. Tudo o que ela faz gira em torno da tentativa de agradar às crianças e ao marido. Um dia ela me confidenciou que cede a tudo o que pedem os três porque tem pavor de perder Peter.

A situação de Jane não é fácil, mas a atitude que vem tomando só está dificultando ainda mais as coisas. Tanto o marido quanto as crianças transformaram sua vida em uma corrida de obstáculos. Ocupam o tempo de Jane, tentando ver em que ponto ela vai tropeçar e ser desclassificada. Não precisa ser experiente em comportamento humano para ver que, no dia em que ela cair e começar a gritar de dor por causa do tombo, todo mundo vai sair ferido também.

Parece claro que Jane, tendo sido a última a chegar numa história que já estava em curso, precisa se adaptar. O que não quer dizer anular-se. Nula, cedendo a tudo, ela não faz a menor diferença na família e, se não desistir primeiro, acabará sendo descartada pelos enteados e pelo marido.

Nesse tipo de situação, o que costuma incomodar com mais freqüência não são as características da personalidade das crianças, mas os detalhes do comportamento no dia-a-dia: provocações, bagunça no quarto, papéis de bala pela casa, horas e horas monopolizando a televisão etc. Com medo de censurar filhos que não são seus, ela fecha os olhos para tudo o que lhe desagrada e transforma-se em figurante de uma cena na qual deveria ser uma das protagonistas. Afinal, se foi eleita a esposa e crianças vieram juntas no pacote, algum papel de educadora ela terá que exercer.

Casais felizes sabem que...

Casais felizes são maleáveis a ponto de evitar crises que podem ser mudadas com um pouco de boa vontade e maturidade de ambas as partes. Conseguem operar pequenas transformações em si mesmos, sem perder a essência do que são e daquilo que sentem. Mudar para agradar ao outro não representa problema algum, desde que essa mudança não seja feita em detrimento de ninguém, mas pelo bem de uma história de amor.

46. Não desgastar a relação à toa

Uma vez fiz uma matéria especial sobre elegância em situações cotidianas. Por incrível que pareça, a pearte que falava sobre o banheiro do casal foi um sucesso. Dezenas de amigos vieram me dizer que se irritavam profundamente por ter que driblar cosméticos espalhados pelo banheiro e calcinhas penduradas no boxe. Em contrapartida, amigas e conhecidas gritavam em coro: odiamos quando eles não levantam o tampo do vaso e deixam a toalha molhada em cima da cama.

Assim como a felicidade está nas pequenas coisas, em detalhes que a gente vive no nosso dia-a-dia, a infelicidade também pode ser construída por meio de insignificâncias que tomam grande vulto. O seu companheiro chega tarde num dia, porque foi tomar uma cerveja com os amigos. Você tem todo direito de não gostar, mas isso não é suficiente para deixar de falar com ele. É pouco motivo para muita briga. E quando você tiver um motivo muito sério para brigar, vai fazer o que, sair de casa? Abandonar o parceiro? Entrar com um processo na justiça?

Quem briga por pouco ou briga por tudo da mesma forma faz com que todos os problemas fiquem iguais, sem hierarquia de importâncias. Ou seja: o parceiro não entende seus códigos, não compreende o que apenas incomoda você e o que realmente tira você de série. Nesse caso, ou as brigas se banalizam e viram uma constante ou você corre o risco de ficar falando com as paredes, porque o companheiro não vai dar qualquer importância as suas reclamações.

Casais felizes sabem que...

Casais felizes deixam claro para o outro o que incomoda, assim como procuram saber o que magoa seu par. A partir daí, evitam esses terrenos perigosos para não ferir o outro. Os relacionamentos mais difíceis de serem recuperados são aqueles que se desgastam ao longo dos anos, sem que qualquer um dos dois se dê conta disso.

47. Brincar com o sexo

Bob e Olivia estavam juntos havia cinco anos e, quando eu os entrevistei separadamente, ambos me confidenciaram que o sexo tinha perdido o encanto. Um dia encontrei o casal num prosaico passeio ao jardim zoológico, quando nossos filhos se extasiavam em frente à jaula dos leões. Olhei para os dois e percebi que alguma coisa tinha mudado. Ao perguntar como andavam as coisas, Olivia me puxou de lado e, entre gargalhadas cúmplices, revelou: "Depois que ele falhou uma semana seguida, comecei a achar que o casamento não tinha mais jeito. Mas teve. Passamos a transar no chuveiro, bem apertadinhos um contra o outro, e descobrimos que água e espuma ajudam bastante".

Com o dia-a-dia cheio de atribuições, está cada vez mais comum encontrar casais que diminuíram o ritmo sexual e até os que eliminaram o sexo da vida por causa das preocupações. Desinteressados, vão se afastando e, um dia, perguntam a si mesmos: o que é que estamos fazendo juntos.

Assim como o sexo ruim afasta, o bom sexo também aproxima um casal para sempre. Melhorar esse aspecto da vida pode ser possível se vocês simplesmente mobilizarem algum tempo do seu dia para apenas pensar em sexo. Procure aquilo que estimula você: veja imagens eróticas, use sua fantasia, compre brinquedinhos sexuais, procure lugares que inspirem a sua sensualidade, ou seja, desperte sua fome de fazer sexo colocando mais sexo na cabeça. A partir de então, inclua seu parceiro nesse jogo. Faça com que ele seja parte integrante de toda essa história.

Casais felizes sabem que...

Casais felizes, mesmo aqueles que se ocupam com filhos pequenos ou têm problemas de dinheiro, sabem que brincar com o sexo é uma maneira de evitar que a transa seja apenas mais uma obrigação. No lugar de passarem horas em frente à tevê, usam o sexo como jogo que, além de divertir e dar prazer, fortalece muito a relação.

48. Manter brigas de família longe do casamento

Estávamos em processo de conclusão deste livro quando eu e meu editor resolvemos falar um pouco mais sobre família. Afinal, todo mundo tem uma, mesmo que seja esquisita, meio desmembrada ou completamente enlouquecida. Retomei meu bloco de anotações e fui em busca de novas histórias. Eu tinha pouco tempo para entregar o texto e, para piorar minha situação, naquela noite não poderia trabalhar, porque era aniversário da minha melhor amiga. Decidi aproveitar o jantar e retomar o dever no dia seguinte. Não podia imaginar que aquela noite seria um prato cheio do material que eu precisava.

Mal entrei na casa de Thays e percebi que o ambiente não estava lá essas coisas. Por que será?, me perguntei. Estavam presentes apenas pessoas da família e amigos muito próximos... Pois o problema estava justamente aí: a família. O clima começou a azedar quando a sogra de Thays se meteu na cozinha para ajudar sem ter sido chamada. Minha amiga fechou a cara e o marido, percebendo a situação, foi defender a mãe. Pronto, estava criado o problema.

Entre uma discussão e outra, todos saíram ilesos. Menos minha amiga Thays, que entrou nos seus 35 anos sem trocar uma palavra com o marido.

Quem está certo, ela ou ele? Na minha modesta opinião,

nenhum dos dois. Se há problemas entre sogra e nora, entre mãe e filho, entre sogro e genro, digo e repito: eles que se entendam. Meter-se no meio da discussão, ficar do lado de um ou do outro significa – pelo menos aos olhos do outro – que você gosta mais daquele de quem tomou partido e, portanto, o outro que ficou só também vai se achar no papel do menos amado. Resultado: a porta está aberta para a rejeição, a mágoa e o ressentimento entrarem.

Casais felizes sabem que...

Casais felizes reconhecem que a família é, ao mesmo tempo, um porto seguro no campo afetivo e uma fonte de problemas, discussões e desentendimentos. Portanto, são mais fortes e pouco vulneráveis àqueles que chantageiam, que cobram ou negociam afeto. Não tomam partido e não se deixam envolver. Em prol da própria felicidade, casais felizes fazem pacto de união, o qual ataques externos são incapazes de destruir.

49.
Não valorizar antigos amores

Meu amigo Tony viveu um tórrido romance com minha prima Maggie. Mas, apesar da grande atração sexual, não tinham sido feitos um para o outro e acabaram se separando. Um ano depois, Maggie estava casada com outro e Tony com outra. Ficaram fotografias, bilhetinhos de amor e alguns presentes que trocaram na época do namoro.

Numa noite, Tony e Maggie se encontraram na fila do cinema que costumavam freqüentar, só que agora acompanhados de seus companheiros atuais. O cumprimento discreto foi suficiente para despertar suspeitas em Nicolie, a esposa de Tony. Quis saber quem era a outra, exigiu que ele relatasse a história em detalhes, mostrasse fotos e lembranças, infernizou a vida do marido ao longo de um mês inteiro. Penso eu que não admitiu o fato de o amado ter vivido uma bela história em que ela ainda não desempenhava papel algum. Até hoje, quando encontro Tony e Nicolie, percebo que a moça não perde a oportunidade de fazer piadinhas sobre minha prima, a ex-namorada do marido, me atacando indiretamente como se eu representasse alguma ameaça para a felicidade do casal.

É muita ingenuidade pensar que, quando conhecemos alguém, ele chega às nossa vidas com um passado imaculado, do qual nenhum outro amor fez parte. Também é inocente aquele que relata, em detalhes, histórias de amores passados ao seu amor do presente, achando que assim estará se entregando por inteiro. Vamos ser claros e objetivos: o companheiro de hoje não precisa saber dos outros que passaram pela sua vida, porque isso não acrescenta absolutamente nada à relação de vocês e ainda pode se transformar em fantasma dos mais assustadores. Ninguém quer passar a vida se comparando a um personagem que, há muito, já abandonou a cena.

Mais: aquele que, a todo momento, relembra histórias passadas embarca na ridícula tentativa de culpar o parceiro como se, de fato, ele houvesse cometido algum deslize grave por ter se envolvido com outro alguém.

Casais felizes sabem que...

Casais felizes recebem um ao outro com a bagagem que trazem das próprias vidas, não atrás de resgatar e melhorar o que já passou, mas em busca de fazer um presente feliz e um futuro promissor para ambos.

50.
Driblar os adversários

Pouca gente percebe, mas há muitos inimigos invisíveis de uma união feliz e estável. Esses adversários são pessoas que não sabem amar profundamente, outras que nunca foram amadas de verdade ou até aquelas que amam você e têm inveja ou ciúme do seu parceiro, objeto do seu amor. No meu primeiro emprego, minha chefe vivia reclamando da mãe, porque a mulher não gostava de nenhum dos seus namorados. A velha senhora chegou ao cúmulo de criticar um dos pretendentes porque o rapaz não era de um partido político, digamos, confiável. Sabe o que minha chefe respondeu? "Enquanto a senhora não me apresenta outro, de um partido melhor, vou namorando esse aqui mesmo."

Conviver com os inimigos ocultos, que muitas vezes estão infiltrados entre gente que convive conosco e até gosta de nós, não é simples. Claro que você não precisa se vestir com uma armadura de ferro e nem acender velas para todos os santos, até porque essa demonstração de medo só fortalece o inimigo que quer destruir a união de vocês. Precisa, isto sim, estar atento a quem representa ameaça. O melhor caminho é mostrar que, unidos, vocês têm mais força, que estão juntos porque querem estar.

Casais felizes sabem que...

Casais felizes não permitem que os inimigos da relação ajam de maneira eficiente e encaram os ataques de forma divertida, sem dar grande importância ao fato. Aliás, rir do inimigo é um jeito de tirar a força dele, desacreditá-lo, impedir sua ofensiva.

51.
Ser um bom ouvinte

Não foi por acaso que meu editor me incumbiu de escrever sobre casais felizes. Ele sabe que eu adoro ouvir histórias da vida dos outros e refletir sobre o comportamento humano. Venho praticando o papel de ouvinte há pelo menos uns 20 anos, desde os tempos de estudante. Naquela época, ainda muito jovem, fiquei amiga de Joyce, colega de classe que, pela idade, poderia ser minha mãe. Fazíamos juntas o jornal da faculdade e, vez ou outra, eu ia à casa dela para trabalharmos. Numa daquelas tardes, Joyce parecia triste, decepcionada com a vida, sem estímulo para nada. Me disse que estava precisando colocar a mágoa para fora e tudo que ela queria era um bom ouvido para escutá-la. Fiz o papel que o parceiro, não sei se por falta de amor ou de interesse, havia muitos anos já não desempenhava mais.

Quase nunca é agradável parar o que estamos fazendo para ouvir as lamúrias de alguém. Até porque pode acontecer de a pessoa querer desabafar justamente na hora em que você está eufórica, alegre e não querer ser contaminada pela tristeza alheia. Mas esse também é um dos segredos de um bom parceiro amoroso: saber separar as coisas e reservar momentos para o outro, quando este tem necessidade de ser ouvido.

Estar disponível para o seu amor quando ele necessita falar é tão importante quanto receber com carinho o beijo que ele tem para lhe dar. Faz parte da interação entre os casais, fortalece o elo que une vocês e perpetua a amizade, que é base para o crescimento do amor.

Casais felizes sabem que...

Casais felizes sabem que são, um para o outro, o melhor ombro em que podem se amparar ao longo da vida. Ser um bom ouvinte não é dar conselhos, interromper o outro para dizer o que deveria ter feito, para repreendê-lo ou para revelar o que pensa. Ser um bom ouvinte é apenas oferecer consolo a quem tem necessidade de desabafar.

52.
Tentar acordos

Lendo uma entrevista com homens famosos sobre relações estáveis, me encantei com a declaração do roqueiro Sting. Ele dizia acreditar muito nos acordos entre os parceiros, como forma de colocar um ponto final nas brigas. Ninguém gosta de brigar com quem ama. Mas acontece que as brigas são inevitáveis numa relação íntima e próxima. Deixar de brigar é praticamente impossível, tirar alguma lição da briga é o melhor que temos a fazer.

Casais que brigam por hábito são muito cansativos para si mesmos e para quem convive com eles. Já aqueles que se permitem refletir sobre as brigas, conseguem crescer por meio da dor, tornando-se mais fortalecidos e maduros. Durante uma briga ou discussão, é muito difícil não dizer aquilo que vem à cabeça. Se de fato fizermos isso, o risco de magoar irremediavelmente o companheiro é grande. Portanto, a virtude da briga (se é que ela tem alguma) deve ser a busca pelos acordos.

Casais felizes sabem que...

Casais felizes não mudam apenas porque o outro quer, mas se moldam ao relacionamento em nome da felicidade. Mais ainda: conseguem ser maduros a ponto de compreender que nem tudo que desagrada pode ser mudado e uma dose extra de compreensão é o suficiente para colocar fim às brigas e discussões.

53. Não concorrer com os filhos

Thomas é um pai tão dedicado aos filhos quanto Judith é uma mãe devotada. Desde que os gêmeos nasceram, o casal se voltou inteiramente para eles e transformou o que antes era um casamento livre em estrutura familiar das mais tradicionais. Judith parou de trabalhar, investiu na maternidade de corpo e alma e, durante nossas entrevistas, me assegurou que nunca se arrependeu da decisão tomada. Acontece que Thomas não viveu a transformação da própria vida com tanta intensidade. Embora seus fins de semana sejam programados com base na agenda infantil, a maior parte do seu tempo durante a semana ainda é preenchida com afazeres e viagens profissionais. Quando chega em casa, ele tem, portanto, enorme necessidade de conversar com a esposa sobre o andamento dos negócios, seus progressos e evoluções. Entretanto, Judith já não é mais toda ouvidos. Embora tente encontrar tempo para o marido, são os filhos que vêm em primeiro lugar.

Quando vi Thomas enciumado, se queixando da esposa como um menino abandonado, cheguei a ter pena dele. Os homens não dizem diretamente, mas se sentem prejudicados com a chegada dos filhos, porque deixam de ser o foco absoluto do afeto da esposa e passam a ter que dividir o coração dela com o sangue do seu próprio sangue.

Entretanto, os homens não estão isolados nas suas crises de

ciúme dos filhos. Nelie, uma grande amiga da minha família, diz que não tem a menor paciência de ver o marido brincando de autorama com as crianças e que se incomoda tremendamente de ter que ficar para segundo plano quando "os meninos" saem para jogar bola no parque. Isso é ciúme dos filhos? Claro que sim!

Pais e mães, cada um a seu modo, se ressentem da atenção que o parceiro devota às crianças e isso é natural. Afinal, ninguém fica satisfeito em perder o que julga merecer e que um dia já foi seu, mesmo que isso aconteça em detrimento dos filhos. Nesse momento, controlar-se é imprescindível. Juro que se eu tivesse a fórmula, além de estar milionária, eu a revelaria aqui, mas não tenho. Penso que o único caminho possível seja a busca pelo equilíbrio.

Casais felizes sabem que...

Casais felizes enxergam a brutal necessidade de atenção dos filhos como uma fase tão importante quanto passageira da vida. Há o tempo de se entregar a eles e o tempo de deixá-los ir, mesmo que fiquemos na retaguarda, prontos para entrar em ação. O surgimento da família é um grande desafio para os casais e aqueles que são felizes conseguem dividir, com serenidade, o afeto que têm para dar. Fazem isso tão bem que o amor não fica menor para ninguém.

54.
Saber se adaptar

A professora do meu filho vivia na capital, mas precisou se mudar para uma cidade do interior, porque o companheiro foi transferido no trabalho. Como o salário dele seria muito compensador, o casal fez a mudança, embora ela tenha se mostrado temerosa e cheia de ansiedade. Ao perceber o quanto seu parceiro estava realizado na nova função, a ex-professora decidiu que faria aquela experiência ser positiva. Deu a si mesma três meses, tempo que usou para tentar fazer novos amigos e encontrar um novo emprego. A disposição para aceitar o novo foi fundamental e hoje eles nem cogitam a hipótese de voltar à antiga vida na capital.

Mudanças sempre nos deixam angustiados, porque não sabemos o que nos espera, se seremos felizes ou não. Mas se temos com quem dividir as aflições, tudo fica mais fácil, porque um serve de âncora para o outro, como aconteceu com este casal. Recebendo o apoio da amada, que o acompanhou, ele se sentiu estável para mergulhar de cabeça no trabalho. Vendo o entusiasmo do amado, ela ganhou forças para buscar uma vida boa para si mesma. Ganharam os dois individualmente e ganhou a relação, superando esta mudança e usando a adversidade para se fortalecer.

Casais felizes sabem que...

Casais felizes conservam a individualidade de cada um, mas conseguem enxergar o relacionamento como algo que está acima. Batalham pelo bem-estar comum e conseguem se desapegar de interesses exclusivos em benefício de algo que seja bom para todos.

55.
Ter interesses em comum

Todo mundo conhece algum casal água e vinho. São absolutamente diferentes em tudo, mas ficam perfeitos juntos. Eu também conheci uma dupla assim, quando comecei a construir minha casa. Ele, meu arquiteto, gostava de música clássica, freqüentava concertos, tocava piano e gostava de sair à noite. Ela, a paisagista, ao contrário, era diurna. Seus programas favoritos incluíam ir ao parque com os cachorros, correr quilômetros, freqüentar restaurantes naturais e assistir a comédias. Como estavam muito abertos para o amor, a princípio se deram bem. Depois se deram melhor ainda. Foram se convencendo a respeito das preferências alheias e incorporando-as como se fossem suas. Hoje, com um repertório vasto de programações, continuam juntos e o relacionamento vai muito bem, obrigado.

Estar aberto às novidades é um dos segredos dos casais felizes. Ao longo da vida, desenvolvemos nossas preferências em função do que nos é oferecido pela família e do ambiente em que vivemos. Quando surge o grande amor, muitas vezes a aproximação não acontece por semelhanças, mas por diferenças. Se nos fechamos ao novo porque o novo é estranho e não estamos dispostos a incorporá-lo em nossa vida, trancamos a porta também para o amor que quer entrar. Se não nos identificamos com o que dá prazer ao outro, já começamos a história com várias condicionais, o que impede o amor de crescer plenamente.

Não estou dizendo que você precisa gostar de tudo o que o outro gosta, só para facilitar a convivência, aquele tipo que aceita tudo só para estar junto. Isso é falso e não funciona: mais dia, menos dia, você vai revelar quem é.

Casais felizes sabem que...

Casais felizes descobrem pontos em comum que os aproximam, porque isso convém a quem ama e quer permanecer junto. Manter a porta aberta para novidades nos enriquece como seres humanos e também fortalece a relação amorosa que pretendemos construir.

56. Se unir para educar os filhos

A reunião de pais e mestres tinha apenas começado e, no fundo da sala, já se ouvia um zunzunzum irritante. O tema da noite era a importância da alimentação equilibrada na vida das crianças e adolescentes. Quarenta minutos de exposição da nutricionista e abriram espaço para perguntas. O que se viu, a partir de então, foi digno de uma montagem teatral. Pais e mães discutindo na frente de outros pais e mães sobre o que fazer ou deixar de fazer para que seus filhos comam melhor ou deixem de comer porcarias. Bate-bocas que poderiam muito bem acontecer na cozinha da casa de cada um foram transferidos para a escola, dando-me a noção exata do quanto pais e mães divergem na hora de educar seus filhos.

Uma das maiores dificuldades em transmitir conceitos e valores morais para os filhos é que, via de regra, pai e mãe vêm de histórias de educação completamente diferentes. Ao serem colocados na berlinda, fazem aquilo que fizeram com eles ou, principalmente, o que não fizeram e eles acham que deveriam ter feito. A verdade é que cada um de nós carrega os próprios traumas e incômodos de infância que quer corrigir quando se torna pai ou mãe.

Não estou dizendo que seja fácil, até porque acho dificílimo, mas acredito que pais e mães precisam falar a mesma língua, se querem formar filhos equilibrados. A partir de então, a criança será capaz de avaliar segundo um parâmetro específico, construindo seus próprios critérios e escala de valores.

Casais felizes sabem que...

Casais felizes discutem sobre a educação dos filhos, mas sabem que nunca devem fazer isso na frente deles, evitando que as crianças fiquem confusas ou tenham sua auto-estima abalada por causa da insegurança dos pais. Sabem que educar é uma árdua tarefa, mas não desistem diante dos obstáculos, porque deles depende o crescimento dos filhos e da família.

57.
Jogar a culpa fora

Gosto muito de pesquisar na internet. Outro dia, lendo sobre relacionamentos e tradições, encontrei o depoimento da senhora Alberta Johnson, de 80 anos, que vive na Flórida, Estados Unidos, e achei muito apropriado para citar aqui. Ela dizia: "Antigamente os relacionamentos eram cheios de regras, rituais e obrigações e pouca gente ousava desrespeitá-los. Aos homens cabia trabalhar e prover a família e às mulheres cabia cuidar da casa, dos filhos e atender o marido. Mas ninguém julgava se tínhamos competência para fazer tudo aquilo. Nem nós mesmas, que desempenhávamos nossas tarefas sem jamais refletir sobre o nosso papel naquela história".

Ela citava a ausência da culpa e não tinha como ser diferente, considerando os padrões morais da época. Hoje as coisas são diferentes e estamos assumindo nossas posições com mais honestidade, o que também tem causado sentimento de culpa por todos os lados. Para os homens, que estão em busca de assumir seu novo papel participativo no lar e na criação dos filhos, e para as mulheres, que continuam procurando desempenhar várias tarefas ao mesmo tempo, sem falhar em qualquer uma delas. Então vem a culpa, um tipo de conduta negligente, sem intenção de prejudicar ninguém, mas que acaba prejudicando a nós mesmos e ao nosso relacionamento.

Uma amiga minha tem uma filha que é muito jovem, mas já está casada há cinco anos e tem dois filhos pequenos. Precisa trabalhar, cuidar da casa, administrar as finanças do lar e quer evoluir profissionalmente. É inevitável que tenha ficado estressada e começado a falhar em suas atribuições. O marido, jovem como ela e nem um pouco tolo, enxergou a sobrecarga e decidiu dividir as tarefas com a esposa. Os resultados foram insatisfatórios do ponto de vista prático – uma ou outra conta ficam sem ser pagas e a geladeira nem sempre está abastecida –, mas a vida emocional da família melhorou muito.

Queremos fazer o melhor, mas quase nunca atingimos o ideal de perfeição. Isso gera frustração, infelicidade e culpa, porque não nos sentimos habilitados para o que nos propusemos fazer. No entanto, esquecemos de enxergar que somos humanos e, como tais, erramos.

Casais felizes sabem que...

Casais felizes admitem que é difícil levar a vida e ser competente em todas as suas esferas. Portanto, vão tocando como é possível, sem se penitenciar por isso. Importante é saber que tentam fazer o seu melhor, sem deixar que o julgamento dos outros tenha algum peso na vida.

58. Respeitar o espaço e os gostos do outro

Quando nos juntamos a um outro alguém, temos a ilusão de que agora serão duas histórias em uma só. Correto por um lado, errado por outro. Se a partir de agora vocês vão construir uma vida em comum, em que a colaboração de ambos é fundamental para conquistar harmonia e serenidade, por outro lado é fundamental preservar a individualidade.

É lógico que os casais felizes adoram estar juntos, viver um pouco a vida do outro, estar presente onde o outro está, mas esse deve ser um prazer e não uma necessidade, uma obrigação. Quando uma ou as duas partes de um casal abandonam suas referências, há o risco de a relação não se sustentar, por causa da extrema dependência.

Respeitar o espaço do outro é permitir que ele exista como pessoa, para poder estar com você por inteiro. Há programas que podem ser feitos a dois e outros que temos mais prazer de realizar sozinhos ou em companhia de outra pessoa. Não há nada de errado nisso, desde que essa rotina não tome conta da vida de ambos, afastando-os pouco a pouco.

Casais felizes sabem que...

Casais felizes sabem que não é preciso estarem grudados o tempo todo um com o outro para se sentirem bem ou completos. Manter a própria vida e a individualidade é um bom caminho para quem quer continuar crescendo com independência e autonomia, sabendo o que é melhor para cada um e podendo fazer suas próprias escolhas.

59.
Ficar atraente para o outro

Ao preparar os capítulos que falam sobre sexualidade, tive o cuidado de entrevistar casais que, aos meus olhos, deixam até estranhos, como eu, perceberem a química que existe entre eles. Catherine e Terry são assim. Donos de um pequeno café que promove exposições de arte, eles são o retrato do sexo em carne e osso, embora nunca tenham sequer se beijado na minha frente. Ela adora seus vestidos pretos, mas em ocasiões especiais usa um vermelho, mais comprido e colado no corpo, que o deixa de queixo caído. Ele, que faz um tipo *latin lover*, nunca tira seus jeans desbotados, que modela bem as coxas. Diz que se veste assim porque a mulher adora e ele quer, acima de tudo, agradá-la.

Ficar atraente para quem se ama é uma maneira de mostrar ao outro o quanto queremos aproximá-lo de nós também. É como se você dissesse: olhe, estou do jeito que você gosta, venha para o meu lado e delicie-se. Edward, o meu cabeleireiro, garante que 80% dos cortes de cabelo que executa em suas clientes são feitos para agradar à preferência masculina.

Descobrir o que agrada ao companheiro e se valer desses pequenos truques deixa claro o quanto a opinião do outro é importante para nós. Fazer pequenas concessões com relação ao visual, vestir-se para encantar o outro, mostrar-se exatamente como o outro gosta de nos ver..., tudo isso faz parte do jogo da sedução que não deve ser praticado apenas por quem está à procura de um par. Fascinar o outro deve ser um exercício freqüente para esquentar a relação cotidiana, uma arma que vocês dois podem usar para despertar o parceiro.

Casais felizes sabem que...

Casais felizes procuram conhecer a opinião de seus pares e, com isso, formam um *ranking* de valores a respeito do que é atraente para o outro. Com o tempo, aprendem a personificar esse ideal, fazendo com que o interesse não se perca jamais.

60.
Não querer mudar o que já passou

O escritório do meu advogado é um dos melhores locais para encontrar gente com histórias interessantes. Recentemente conheci Leslie, que estava sinceramente decidida a pedir o divórcio. Ela descobriu que o marido havia reencontrado uma antiga namorada, almoçado com ela e até, num dia em que discutiram seriamente, se refugiado na casa da outra a fim de pedir conselhos. Achando a situação inaceitável, foi procurar o advogado, antes de consultar o próprio coração, para saber o que deveria fazer. Dr. Frederic, menos jurista e mais psicólogo, a aconselhou a voltar para casa, pensar sobre o assunto e conversar com o marido.

Embora a postura de Leslie pareça extremista, dá para compreender sua posição. Concordo que é desagradável lembrar, e ter que conviver, com uma passagem como essa. Só que remoer o que já passou não tem qualquer serventia. Primeiro porque a história já aconteceu e não dá para mudar. Segundo porque relembrar coisas ruins não faz com que elas fiquem melhores.

O melhor que um casal que pretende ser feliz tem a fazer é evitar pensar nos deslizes que fizeram parte do seu passado. Sim, eles existiram. Mas pode ter havido arrependimento, pedido de desculpas e até passado o tempo para abrandar a situação. Reviver histórias passadas que não podem ser mudadas é coisa para quem quer destruir e não construir a relação.

Casais felizes sabem que...

Casais felizes compreendem que todos têm um ponto fraco, uma falha ou... vários deles. Mas isso não quer dizer falta de amor. Significa apenas que somos humanos e, como todo mundo, também erramos sem que esta seja a nossa intenção.

61. Ser parte da família do outro

Estudei num colégio de freiras, só com meninas. Uma das minhas grandes amigas tinha pais sensacionais, mas não conseguia entender por que se chamavam, um ao outro, de pai e mãe. Não pareciam marido e mulher, mas irmãos. De fato, adotar a postura fraternal dentro do relacionamento é uma forma de distanciar o romance da nossa vida, tirar a sensualidade e o desejo do nosso dia-a-dia.

Não dá para negar que, após a chegada dos filhos, a relação do casal sofre modificações tão profundas que às vezes esfria e distancia marido e mulher. O que antes era um casal de adultos independentes passa a ser uma dupla de adultos responsável pela construção de um novo núcleo, com a missão de formar novos indivíduos. Nessa nova vida vai ser preciso discutir assuntos como a compra de fraldas, a visita aos parentes ou a reunião na escola, e nada disso tem qualquer ligação com a relação íntima de vocês.

Entretanto, cabe ao casal não perder a intimidade de vista, não permitir que problemas familiares gritem tão alto a ponto de os ensurdecer para os sussurros entre os lençóis.

Casais felizes sabem que...

Casais felizes conseguem separar para cada um o momento certo de ser família e a hora ideal para ser um bom amante. Ser parte da família do seu companheiro simboliza a concretização da união, sem anular o afeto, a sexualidade e o prazer que existe entre vocês dois.

62.
Não errar na cama

Não por acaso, as revistas femininas mais vendidas no mundo falam sobre sexo. E falam muito. Dia desses me deparei com um texto, cujo título dizia: "O que acaba com seu tesão". E lá vinham homens e mulheres dando depoimentos sobre suas más experiências na cama. "Ela me arranhou com as unhas compridas...", "Ele baixou o nível e gritou palavrões...", "Ela usou uma lingerie horrível...", "Ele deitou de um jeito em cima de mim que fiquei sem respiração...", queixavam-se eles.

Por mais bem-intencionados que possamos estar na hora do sexo, nem sempre acertamos no alvo, isto é, às vezes fazemos justamente aquilo que o outro não quer que façamos. Se isso é o que vem acontecendo com vocês, relaxem, porque quando há amor, os erros na cama também podem ser reparados.

Em primeiro lugar, é preciso ser honesto na mesma proporção que devemos ser sutis. Dizer ao companheiro alguma coisa que incomoda você deve ser uma atitude recheada de delicadeza, evitando agressões ao máximo. Tudo que você não pode fazer é magoar seu parceiro, porque, senão..., adeus sexo.

A objetividade também é muito valiosa para você fazer o outro entender do que gosta, o que te dá mais prazer. Fale de forma doce, ao pé do ouvido, entre um beijo e outro. Mas fale, porque o outro não é obrigado a adivinhar quais são seus desejos do momento.

Se você definitivamente detesta alguma coisa que o outro vem fazendo – sexo oral, sexo anal, não usar preservativos –, está mais do que na hora de deixar de se violentar, porque assim nenhuma relação é boa e, com o tempo, vai refletir em outros campos do relacionamento.

Casais felizes sabem que...

Casais felizes erram, mas se valem do bom humor para tentar desfazer seus deslizes sexuais. Usam a intimidade que têm com o parceiro para abrir o jogo, trazer o outro para perto e recomeçar tudo outra vez, só que de uma maneira muito mais gostosa.

63.
Dar prazer

Em 1990 escrevi uma reportagem sobre artifícios e arsenais que nos ajudam a propiciar prazer ao parceiro e, a partir da ampla pesquisa que realizei, passei a acreditar que não adianta nada termos orgasmos múltiplos se o outro sequer revira os olhos quando está ao nosso lado.

Anos mais tarde me casei e, na prática, pude me certificar que estava no caminho certo: quem ama o parceiro tem prazer com o prazer do outro. Vibra com a possibilidade de o outro se deleitar sexualmente na nossa companhia. A partir de então, passei a olhar com outros olhos as cintas-ligas, as lingeries provocantes e as palavras obscenas ditas ao pé do ouvido.

Dar prazer faz parte do jogo sexual assim como também faz parte do jogo sentimental. Não dá para viver feliz de uma maneira egoísta, pensando apenas naquilo que nos faz bem ou que nos agrada. Quem se relaciona com o outro de forma egocêntrica, voltado para si mesmo, reflete sua atitude no outro, fazendo com que ele se comporte da mesma forma. Com o passar do tempo – e isso pode não demorar muito –, o casal se afasta e passa a viver separado, mesmo que permaneça unido fisicamente, embaixo do mesmo teto.

Casais felizes sabem que...

Casais felizes sentem prazer em proporcionar prazer um ao outro, porque isso faz a relação crescer e ficar mais simbiótica. Gozar juntos é muito mais do que uma explosão de momento, é a comunhão de um prazer que só faz sentido se é desfrutado a dois.

64.
Exigir prazer (não deixar pra lá só por hoje)

Deitados na cama, cada um com um livro na mão, de repente se olham e ele pergunta: "Hoje você quer fazer sexo?", ao que ela, tirando os óculos, responde: "Tudo bem". Então, fecham seus livros automaticamente, os colocam ao lado da cama, sobem um em cima do outro e, cinco minutos depois, está tudo acabado e eles se preparam para dormir. Essa é uma das primeiras cenas do filme *Presente de grego*, uma produção dos anos 1980, que retratava com fidelidade o comportamento *yuppie* da época em que o mais importante era fazer dinheiro.

Seria hipocrisia dizer que nunca passamos por uma situação como esta ou pelo menos semelhante, porque nem sempre estamos em total sintonia com o parceiro, interessados em sexo na mesma intensidade que ele.

Sexo, entretanto, é antes de tudo uma questão mental e não física. Como somos humanos e não animais, a disposição para fazer sexo começa na cabeça e não no corpo. Justamente por esse motivo, você pode se esforçar para entrar no jogo, gostar e até tirar muito prazer, por que não?

Não pense que, só por hoje, vai deixar pra lá, fazer a coisa acontecer rapidamente e encerrar o assunto, porque isso pode ter reflexos muito negativos na relação. Faça o contrário: peça um tempo, tome um bom banho, perfume-se, barbeie-se, penteie o cabelo, prepare seu físico e seu astral. A disposição virá em seguida.

No caso de o outro não parecer muito interessado, faça a mesma coisa com ele, envolvendo-o e tentando seduzi-lo. Peça, sem ordenar, que seu parceiro toque seu corpo onde você mais gosta, que estimule você a embarcar naquele momento.

Casais felizes sabem que...

Casais felizes, quando não estão dispostos para o sexo, não fecham as portas para novas possibilidades e nem para o outro, que quer se entregar.

65.
Achar graça na rotina

Os dias passam, as semanas transcorrem e tudo parece cada dia mais igual, monótono e cansativamente rotineiro. Não pense que este é um privilégio seu. Todos os casais, sem nenhuma exceção, vivem algum tipo de rotina em uma ou várias fases da vida.

Viver a rotina, no entanto, nem sempre é ruim. Alguns casais estabelecem hábitos próprios e sólidos que permeiam a vida de ambos no dia-a-dia de maneira muito agradável. Conseguem enxergar a rotina de forma positiva, porque a usam como aliada para desfrutar um da companhia do outro.

Eu, por exemplo, tenho como rotina tomar café da manhã com meu companheiro, porque não temos tempo para fazer nenhuma outra refeição juntos. E tenho orgulho de dizer que o converti para esse hábito que, além de tudo, é muito saudável. Acordo cedo, preparo a mesa com coisas simples como pães e frutas e o chamo para sentar-se à minha frente. Sabe que essa meia hora me alimenta emocionalmente para o resto do dia? Quando há algum desentendimento entre nós e pulamos esse ritual diário, sinto como se meu dia já começasse mal.

O fato de a rotina se repetir não quer dizer que represente um peso na vida de vocês, até porque as rotinas também podem ser reinventadas, recriadas de acordo com quem as vive. Finalmente, é importante lembrar que a vida não é feita dos momentos de felicidade plena ou de profunda infelicidade. A vida, de forma geral, é feita de rotina, coisas que fazemos e repetimos muitas vezes. Então, que tal criar uma que seja muito boa para vocês dois?

Casais felizes sabem que...

Casais felizes acham graça na rotina simplesmente porque algumas coisas boas se repetem e eles conseguem desfrutá-las exaustivamente. Não pensam no cansaço de fazer algo que já sabem como é, mas na delícia de aproveitar cada um dos seus detalhes.

66.
Cuidar das finanças da casa

No mundo todo, a segunda causa mais alegada como motivo para separação de casais é o dinheiro. Nos Estados Unidos, assim como em qualquer parte do mundo, o dinheiro é capaz de separar pessoas que se amam.

Na verdade, finanças não deveriam ter nada a ver com romance, mas acontece que fazem parte da vida de todos nós e principalmente dos casais que vivem sob o mesmo teto. Freqüentemente o dinheiro – ou a falta dele – é responsável por brigas, desentendimentos e, como mostram as estatísticas, até rompimentos entre os casais, o que é lamentável.

Evitar que essa questão contamine a relação de vocês pode não ser muito fácil, mas é possível. Em primeiro lugar, é preciso que ambos discutam os gastos individuais e os gastos comuns da casa. Coloquem tudo no papel e façam a previsão para o mês. Quem for o melhor administrador vai ficar responsável por cuidar da economia da casa, pagar contas, controlar a entrada e a saída do dinheiro do casal. Para que esse combinado dê certo, o outro precisa confiar e aprender a delegar. Muito ou pouco dinheiro pode ser responsável por gerar problemas na sua casa, mas apenas se o casal valorizar mais o que tem do que o que sente.

Casais felizes sabem que...

Casais felizes não são necessariamente ricos ou têm vida financeira estável. Simplesmente não deixam que o dinheiro se transforme em personagem principal na história das suas vidas. Conseguem sobreviver com o que têm, seja muito ou seja pouco.

67.
Cozinhar para o outro

Chocolate foi um sucesso estrondoso de público, de crítica e de bilheteria. Estou me referindo ao filme francês em que Juliette Binoche, na pele da *chocolatiére* Vianne, sensibiliza uma pequena cidade no interior da França com suas trufas e bombons e acaba seduzindo o jovem nômade Roux, interpretado por Johnny Depp, graças à devoção que emprega no preparo dos preciosos confeitos.

A mulher ou o homem que domina as artes culinárias, e consegue satisfazer o outro por meio do paladar, ganha pontos na conquista amorosa. Se isso se tornar um ritual, melhor ainda.

Reservar uma noite na semana para fazer um jantar especial, ficar algumas horas na cozinha preparando um pão com todo amor ou até mesmo criar drinques diferentes é coisa para quem valoriza as sensações, além das manobras de sedução do corpo.

Para se dar bem, escolha a área da culinária que você conhece melhor – todo mundo tem uma – e invista nela. Não se esqueça de selecionar o que houver de mais provocante e sensual. No filme, foram os chocolates, mas, no caso de doces em geral, os cremosos e gelados são muito sexy. Em contrapartida, os quentes, que derretem na boca, são mais românticos.

Se você e ele preferem salgados, escolha sabores picantes, que vão deixar a noite mais quente, e dê preferência às comidas que se comem aos bocados, sem necessidade de muitos talheres.

Para seduzir com drinques, não se esqueça: as cores contam tantos pontos quanto os arranjos de decoração, mas isso não quer dizer que você deva misturar bebidas muito adocicadas, porque o efeito pode ser devastador. E, finalmente: escolha um belíssimo copo, mesmo que seja para servir apenas vinho branco gelado.

Casais felizes sabem que...

Casais felizes dominam, mesmo que um único prato, na intenção de seduzir ou encantar seu amor. Sabem que este tipo de culinária é feito de pequenos detalhes, levando em conta o gosto do parceiro e o momento em que vocês vão saborear essas delícias.

68.
Não desconfiar do seu amor

Nas rodas muito femininas, e vejo isso quando vou à academia de ginástica, é praxe achar que os homens estão sempre prontos para mentir, enganar, sair com outra ou fazer coisas pelas costas. Sempre que me deparo com uma dessas conversas, tento fugir rápido para não ceder à tentação de me intrometer onde não fui chamada. Até porque estatísticas atuais garantem que mulheres traem na mesma proporção que os homens, o que nos coloca em franca desvantagem, quando resolvemos criticá-los neste tipo de conversa.

Quem ama acredita no outro e sabe que a confiança é a base mais importante sobre a qual qualquer relacionamento deve ser construído. Se não houver, a história fica falsa, inconsistente, desaba na primeira crise. Passar seus dias desconfiando de quem partilha a vida com você é desperdiçar tempo e energia emocional de uma forma que não contribui em nada para o relacionamento de vocês.

Quem suspeita de que algo não vai bem não deve dar cordas para seu amor se enforcar. É melhor ser honesto, ir direto ao ponto. Diga o que incomoda e seja um bom ouvinte para que o outro se sinta à vontade para explicar, dizer a verdade. Dar chance ao ser amado é dar chance também à relação de vocês.

Casais felizes sabem que...

Casais felizes cultivam a verdade como forma de se relacionar no dia-a-dia, sem colocar à prova o que um diz ou o que o outro faz. Quem ama e quer preservar sua história de amor não passa a vida questionando, tentando fazer o ser amado cair em armadilhas. Quem faz isso é vítima da própria insegurança e, mesmo sem saber, está determinando o fim da própria história de amor.

69.
Criar harmonia entre os filhos

Antigamente os casais tinham muitos filhos. Na casa dos meus primos eles são nada menos do que seis irmãos. Seis para dividir a atenção dos pais, o dinheiro da mesada, a sobremesa... Já imaginou? Também antigamente os filhos não tinham muito direito a dar opinião. Os pais determinavam, os filhos obedeciam e fim de conversa.

Hoje as coisas são diferentes, mas os problemas entre os filhos não diminuíram por causa disso. Até porque muitas famílias são reconstruídas, quero dizer, vêm de histórias passadas em que um pai com filhos se casa com uma mãe com outros filhos e, pronto, está formada uma nova família. Um dos segredos dos casais felizes é saber promover a união de todos, criando harmonia para a família. Fácil não é, mas, quando dá certo, o resultado é maravilhoso para todo mundo.

Penso que o melhor caminho para que todos se dêem bem, ou pelo menos convivam em paz, é pensar na família a partir do princípio da hierarquia, em que pai e mãe ainda são os que têm voz ativa. Isso não impede, é claro, que os filhos se manifestem, no entanto é preciso deixar claro que não mandam na casa, não determinam a ordem das coisas e não definem quais serão as regras.

Em segundo lugar, é fundamental que haja equilíbrio entre todos os filhos, sejam maiores, menores, mais expansivos ou mais tímidos. É preciso que falem, opinem, coloquem para fora o que sentem verdadeiramente.

Casais felizes sabem que...

Casais felizes constroem suas famílias, seja na primeira, segunda ou terceira tentativa, com os olhos voltados para o sentimento de amor e harmonia, em que todos devem ter direito à opinião, à atenção e à verdade.

70.
Ser romântico uma vez por dia

Não é fácil, mas é altamente construtivo alimentar o dia-a--dia com pitadas de romance. Tive uma secretária a quem muito admirava por sua atitude amorosa com o namorado que dividia o apartamento com ela. Todos os dias, fizesse chuva ou sol, ela preparava uma surpresa para ele. Ora era uma garrafa de vinho, ora ingressos para o cinema, ora ela mesma, de camisola nova e banho tomado esperando por ele na cama, ao som da música preferida dos dois.

Você pode estar pensando que para ser romântico é preciso gastar muito dinheiro, despender tempo e certa energia. Não é verdade, porque o romance pode residir em pequenas atitudes que fazem toda a diferença, como, intuitivamente, fazia minha secretária.

Do beijo envolvente e apaixonado às palavras doces no telefone, as atitudes românticas são inúmeras, desde que o ser amado viva no seu coração de verdade e você se preocupe com o impacto que o seu romance terá sobre ele.

Nos dias em que sentir o companheiro mais sensível, fragilizado por algum problema, incremente o romance com pequenas lembranças, coisas que o seu amor goste e que vão deixar o dia mais agradável. Aquele que tem dinheiro gasta mais. O que não tem, pode ser romântico da mesma forma, desde que haja intenção romântica, naturalmente.

Casais felizes sabem que...

Casais felizes não são mais ou menos realizados no amor porque recebem presentes ou bens materiais valiosos. São felizes pois se contentam com as demonstrações de interesse do outro, sabem que, com o parceiro, eles podem contar para viver um grande amor.

71.
Não querer romance o tempo todo

"Dizem que finjo ou minto tudo que escrevo. Não. Eu simplesmente sinto com a imaginação." O autor desses versos é o célebre poeta português Fernando Pessoa. O que ele diz se aplica perfeitamente aos românticos de plantão, que muitas vezes deixam a imaginação tomar conta da vida prática e, em virtude disso, sentem-se vazios de romance o tempo todo.

Infelizmente, muitos casais vivem descompassos na expectativa que têm por momentos românticos. Querer que o outro declare seu amor e se derreta em atitudes apaixonadas o tempo todo é sinal de insegurança e pouca confiança no sentimento que o parceiro tem. Além de uma impossibilidade da vida prática.

Investir no romance em doses homeopáticas e diárias, sem dúvida, fortalece a estrutura emocional da relação. Mas, se o romance tomar conta da vida, como se o casal vivesse um sonho e não a realidade, provavelmente destruirá a parceria em algum momento, quando surgirem dificuldades ou obstáculos a serem ultrapassados.

Casais felizes sabem que...

Casais felizes declaram seu amor sem medo, mas não vivem num conto de fadas. A vida a dois, com os pés no chão, faz com que o encontro de duas pessoas seja definitivo, baseado não só no lado agradável e colorido da vida, mas também nos infortúnios que ambos são capazes de suportar juntos.

72.
Ser independente

Pedi a um psicanalista amigo que conversasse comigo sobre independência afetiva e ele resumiu em duas frases o que considerei precioso para contar no livro: "Ninguém pode ser feliz com o outro se ainda não conseguiu ser feliz consigo mesmo. Essa independência precisa ser preservada ao longo da vida para a gente continuar sendo feliz", disse ele.

Quando temos alguém com quem compartilhamos a vida, gostamos de dividir os problemas, de contar o dia-a-dia, de pedir e dar opiniões. No entanto, isso tem que ser feito por prazer e companheirismo, não por obrigação nem por necessidade. Ninguém pode ser feliz dando satisfação do que faz ou deixa de fazer a cada cinco minutos ou apresentando relatórios dos seus passos dia após dia. Também é péssimo sentir que seu companheiro não consegue viver ou tomar decisões sem consultar você primeiro. É muita responsabilidade ser depositário de tantas confidências.

Quem vive a dois tem prazer em partilhar a vida e conta com a opinião do ser amado, porque ela é valiosa na hora de tomar decisões. Entretanto, quem procura uma relação equilibrada, sabe da importância de assumir os próprios passos sem que o outro diga se está certo ou se está errado. Quem se sente completo também tem mais chances de preencher as expectativas do companheiro.

Casais felizes sabem que...

Casais felizes conquistam sua autonomia individualmente, o que os faz mais seguros para construir uma vida a dois. São capazes de escolher baseados no prazer, no desejo e no amor e não na necessidade que têm do outro para decidir sobre a própria vida.

73. Depender do seu amor só algumas vezes

No último mês de maio, presenciei duas situações muito semelhantes no mesmo dia. Na primeira, um homem forte de 50 e poucos anos entrava na sala do dentista para um tratamento de canal de mãos dadas com a esposa. A secretária, entre risos, me disse que ele tem pavor das agulhas. Logo em seguida, quando fui ao banco, encontrei uma jovem que, acabando de receber a herança do pai, levara o noivo para conversar com o gerente e decidir onde investir o dinheiro.

Às vezes damos graças a Deus de poder contar com o outro para algo que não conseguimos ou simplesmente não queremos fazer sozinhos. Todos nós, homens, mulheres, jovens ou mais maduros, temos nossos pontos fracos, nossas fragilidades. Aceitá-los não nos diminui e poder contar com a ajuda ou a opinião do outro nos faz mais felizes.

Buscar a opinião do outro, depender dele na hora de tomar decisões deve ser uma escolha pessoal e não uma imposição. Por exemplo: se você tem uma grande festa e vai comprar um vestido novo, com o objetivo de agradar seu companheiro, nada mais interessante que pedir sua opinião. Seria impróprio, entretanto, levar o marido a tiracolo toda vez que for fazer compras para que ele diga se você deve ou não adquirir determinada roupa.

Casais felizes sabem que...

Casais felizes dependem do outro de forma positiva e construtiva, mas devem sentir-se plenos e completos, mesmo quando não puderem contar com o parceiro. Criar uma vida a dois é uma forma de estabelecer dependência mútua, mas esse relacionamento deve ter bases sadias, deixando de fora as imposições, cobranças e exigências.

74. Não ser dramático

No dia do casamento de uma grande amiga, nosso amigo Kalvin atrasou-se tanto que ele e a mulher Rachel acabaram chegando no final da festa. Agora, precisariam se explicar com o casal amigo, o que, sem dúvida, iria provocar muito constrangimento para ambos. Afinal, só se casa pela primeira vez uma única vez na vida.

Irritadíssima, Rachel arrancou o vestido, desfez o penteado e lavou o rosto maquiado, enquanto chorava copiosamente, acusando o marido de falta de respeito e consideração. De fato, ela tinha razão de sentir-se magoada e, mais ainda, por saber que estava magoando grandes amigos sem o desejo de fazê-lo, mas apenas porque o marido havia se atrasado. Os lamentos continuaram ao longo da semana até que ela mesma se perguntou por que, afinal, ainda estava tão zangada com Kalvin, já que não havia mais nada a fazer e o único caminho possível era se desculpar com os amigos.

Muitas vezes nos sentimos irritados por alguma coisa que o parceiro fez ou disse e, na tentativa de deixar isso bem claro, desfiamos um rosário de queixas contra ele. O problema é que muita gente perde o foco central da desavença e acaba trazendo à tona outros protestos. Aproveitar o momento da discussão para teatralizar o problema é uma forma pouco prática de chegar a uma solução satisfatória. Então, das duas, uma: ou o outro dispara a gritar e passa a devolver um monte de queixas que também o incomodam ou se cansa de ouvir, vira as costas e nos deixa falando sozinhos. Veja que, em ambas as situações, o problema só cresce, não ajuda ninguém a ficar melhor.

Casais felizes sabem que...

Casais felizes podem não perdoar, mas aprendem a relevar, deixar para trás algo que não tem como ser consertado. Freqüentemente injuriamos pessoas, fazemos coisas que não queremos e causamos prejuízos. O mais importante é ter uma visão realista das coisas para tentar "reparar" o estrago da melhor forma possível e não destruir ainda mais o cenário já tão devastado.

75. Aceitar não ser sempre o primeiro plano

A vida seria boa, e talvez sem graça, se pudéssemos ter tudo o que sonhamos. Mas não é assim que acontece, e na relação a dois também somos obrigados a lidar com frustrações.

Ano passado, Isabelle, a madrasta do meu marido, planejou um romântico fim de semana na montanha em companhia do meu sogro. Preparou tudo e, na hora de viajar, ele apareceu em casa com pilhas de papéis que precisavam ser organizados e devolvidos na segunda-feira. "Um pedido especial do chefe", justificou ele. Isabelle ficou possessa, mas encarou a decepção de frente, porque o emprego do marido é bom, ele ganha bem e isso dá estabilidade ao casal, inclusive para poderem programar esse tipo de viagem.

Quem, em virtude de trabalho, doença de um filho ou um compromisso repentino, já teve que passar ou fazer o outro passar por uma decepção semelhante entende do que estamos falando.

Quando vivemos um relacionamento equilibrado, em que ambos participam da vida do outro, ocupamos, em grau de importância, o item número um da lista de prioridades. Só que ela prossegue e, depois de nós, outras questões também têm sua relevância, que deve ser respeitada. Claro que é frustrante, que nos sentimos colocados de lado, mas é preciso encarar a situação como algo passageiro.

Casais felizes sabem que...

Casais felizes aprendem a superar obstáculos, descobrem como, às vezes, é melhor ficar na retaguarda em vez de se colocar em posição de ataque e acabar perdendo a batalha.

76. Viver as perdas a dois

Ao escolher viver com alguém, levamos junto a família do outro, seus amigos, enfim... sua história. Nada mais justo porque, afinal, o mesmo acontece com nosso parceiro em relação a nós. No decorrer dos anos, criamos vínculos, estabelecemos ligações profundas, nos afeiçoamos a quem, antes, não nos dizia respeito.

Inevitavelmente perdemos algumas dessas pessoas queridas ao longo da vida. Num momento como este, o que nos resta é buscar conforto em quem nos ama e a quem amamos muito. Um abraço caloroso, um colo silencioso, um afago no cabelo... pequenos gestos bastam para que nos sintamos em paz e, por que não, menos tristes também.

Quando a avó de Mike, um amigo meu, morreu, ele sentiu que o chão faltava aos seus pés. Órfão desde os três anos, havia sido criado pela avó e a tinha como única mãe de quem conseguia se lembrar. Embora já estivesse muito idosa e doente, e Mike fosse um rapaz de 26 anos, isso não o impediu de entrar em profunda depressão, principalmente porque estava com casamento marcado para o mês seguinte. Hild, a noiva, soube compreender e apoiar o rapaz. Fez plantão no apartamento de Mike até que ele se sentisse mais amparado, e só voltou a falar em casamento quando percebeu que o rapaz começava a se recuperar.

Muitas vezes a perda é esperada. Mesmo assim, viver esse

processo solitariamente pode fazer com que a dor fique mais profunda do que realmente é. Num processo de luto, dois caminhos são fundamentais para a sobrevivência do que fica. No primeiro, devemos descobrir que é possível continuar existindo, apesar da dor da ausência. Em seguida, precisamos redescobrir o prazer da vida, e é nesse momento que o companheiro de todas as horas nos ajuda a reconduzir a existência, apesar dos pesares.

Casais felizes sabem que...

Casais felizes vivem bem quando a vida está tranqüila, mas conseguem sobreviver juntos apesar dos grandes abalos, porque têm uma relação estável, de apoio mútuo e compreensão profunda, que vai muito além das palavras.

77.
Não sofrer para ser amado

Sempre li muito sobre tudo, dos gibis aos clássicos da literatura francesa. No meio desse caminho, também li – e aprendi com eles – os livros de auto-ajuda. Um deles, *best seller* absoluto por 40 semanas na lista do *New York Times*, iluminou diversos pontos confusos que eu, na época com 24 anos, trazia em minha mente: *Mulheres que amam demais*. Passional que eu era, me identifiquei particularmente com o capítulo que perguntava: Se eu sofrer por você, você me ama?

No livro, a autora tratava muito da questão do alcoolismo, de pessoas que se embreagam para chamar a atenção do outro, mas para mim a questão seguia por outros caminhos e percebi que eu mesma usei essa armadilha algumas vezes para conseguir mais amor de quem me interessava. Obviamente nenhum desses amores durou muito tempo, por mais que eu demonstrasse sofrimento.

Quando um homem ou uma mulher se mostra inteiramente disponível para o outro, pronto para suportar qualquer coisa e sofrer calado, sempre tem uma intenção maquiavélica na cabeça: fazer com que o outro se sinta culpado. Em dívida, o outro acaba se sentindo obrigado a pagar seu débito, seja em forma de afeto, seja de atenção.

Só que então eu pergunto: isso é sincero? Vale a pena ter o amor de alguém à custa de uma jogada desleal? Sinceramente, acredito que não. Quem sofre, ou finge sofrer, por amor é antes um manipulador do que alguém pronto para gostar e se entregar de verdade.

Casais felizes sabem que...

Casais felizes não inventam sofrimento e não usam sua dor para convencer o outro do que habita em seu coração. Sabem que a sinceridade é, de longe, a melhor maneira de se entregar e permitir ao outro que se dedique também.

78.
Valorizar o que o outro pensa

Neste começo de século, as bancas de revistas foram tomadas por revistas de personalidades. O mundo anda muito interessado em saber o que se passa na vida e na casa dos famosos, e estes, por sua vez, adoram expor suas intimidades aos quatro ventos. Vivemos em um mundo egocêntrico onde tudo o que se quer é falar de si, aparecer sobre tudo e sobre todos. Poucas são as pessoas que sabem ouvir e mais raras ainda são as que, além de ouvir, conseguem compreender e dar valor ao que o outro pensa.

No dia-a-dia, valorizar o que o outro pensa é um exercício a ser praticado. Quem está atento ao que o companheiro pensa tem muito mais chances de conhecer aquele com quem vive. Valorizar significa levar em consideração, achar que a opinião do outro é tão importante quanto a sua. Aliás, esse é o princípio básico para quem quer ser amado e respeitado pelo outro.

Casais felizes sabem que...

Casais felizes sabem que partilhar das mesmas opiniões não é fácil e que, na maioria das vezes, não é isso o que realmente importa. Fundamental para equilibrar a balança amorosa é reconhecer que o outro vale tanto quanto você e, sempre que desejar se manifestar, merece ser ouvido.

79. Ser autêntico

Quando Heidy veio me contar que estava mudando de cidade para viver com John, a quem havia "conhecido" pela internet, achei que ela tinha enlouquecido e que aquilo não passaria de aventura fugaz. Passou e eles estão juntos há cinco anos. Um dia desses senti saudades e mandei um e-mail para Heidy, relembrando o começo do namoro e do quanto eu havia duvidado que pudesse ser bem-sucedido. Minha amiga respondeu o e-mail dizendo o seguinte: "Meu segredo foi ser autêntica e jamais fingir ser quem não era. Afinal, éramos apenas um sonho virtual. Se qualquer um dos dois mentisse, nossas chances seriam mínimas".

Uma das condições básicas para um amor dar certo realmente é a autenticidade dos parceiros. Quando uma relação começa, é natural usarmos alguns artifícios para agradar ao outro. Fingimos, mesmo que muito sutilmente, ser aquilo que, pensamos, ele gostaria de ver em nós. Isso nos ajuda a chegar mais perto da pessoa amada.

Todo mundo sabe, no entanto, que não há melhor política amorosa do que o jogo limpo, quando dizemos honestamente o que pensamos e somos absolutamente verdadeiros com nosso pretendente. Assim, conforme o tempo vai passando, temos oportunidade de mostrar todas as nossas caras, mesmo que algumas delas não sejam tão encantadoras.

Aquele que esconde a verdadeira personalidade também

camufla as emoções. Ou seja, arrisca a própria felicidade, porque no dia em que o parceiro souber quem ele é, tanto pode gostar quanto detestar. Se há faces da sua personalidade que costumam desagradar a muita gente e você acha que pode incomodar seu amor também, ótimo que tenha percebido isso a tempo, porque provavelmente este "defeitinho" incomoda, sobretudo, você mesma e está na hora de mudar.

Casais felizes sabem que...

Casais felizes amam de maneira abrangente e até aprendem a conviver com os defeitos do outro. Às vezes, procuram, sugerem ou estimulam a mudança, porque conhecem o ponto fraco do ser amado. Mas não há história de casais felizes que passaram a vida inventando personagens um para o outro, porque, no dia em que a verdade vem à tona, o romance chega ao fim.

80. Estar perto, mesmo que muito longe

Dou consultoria para algumas empresas e recebo muitas cartas das pessoas para quem faço palestras, às quais procuro responder cautelosamente. Recentemente um jovem empresário que não se identificava me pedia conselhos do que fazer para que a esposa soubesse que ele a amava profundamente. Explico: obrigado a viajar com muita freqüência, permanecendo distante da amada, sentia que a estava perdendo, mas não tinha como abandonar o emprego, porque estava em fase de ascensão e gostava do que fazia.

Vivemos muito tempo nas ruas, no trânsito, no trabalho e pouco tempo ao lado das pessoas que amamos. Não dá para passar a vida reclamando desta circunstância e o melhor a fazer é se habituar ao que temos para não sofrer demais. Claro que, no romance, nem sempre isso é muito fácil, porque o amor exige convivência, aprendizado do outro, desfrute do que ambos têm de melhor para oferecer. Mas, se a vida nos obriga a ficar longe de quem nós amamos, o jeito é estarmos presentes da forma que dá: providencie para que, diariamente, seu amor receba notícias suas, seja por e-mail, por meio de flores encomendadas previamente, bilhetes perfumados e escondidos nas gavetas ou telefonemas inesperadamente apaixonados no meio da madrugada.

Estar longe fisicamente é um bom alimento para a saudade. E a saudade é um excelente estímulo quando o casal volta a se encontrar. Quem se ausenta precisa que o outro sinta sua falta de qualquer maneira. Antes de partir, viva uma noite de amor e sexo ardente. Dê o melhor de si e faça com que o outro se lembre de você a cada segundo.

Casais felizes sabem que...

Casais felizes nem sempre vivem grudados. Ao contrário, o que eles fazem é aproveitar o tempo que tem um ao lado do outro como se essas horas fossem as mais importantes na vida de ambos, e, de fato, elas são.

81. Envelhecer ao lado do outro

"Todos dizem que era bela quando jovem, vim dizer-lhe que para mim é mais bela hoje do que em sua juventude, que eu gostava menos de seu rosto de moça do que desse de hoje, devastado." A frase é de um jovem chinês, personagem do livro *O amante*, de Marguerite Duras, ao reencontrar a amada trinta anos mais tarde.

No livro, o amante não fica com sua amada, mas sua declaração é quase um lamento, por não ter sabido preservar quem, um dia, lhe foi tão caro e importante na vida.

Envelhecer ao lado de quem se ama é uma tarefa que exige muito trabalho em seu favor. Nenhum casal envelhece feliz se não souber ser um bom companheiro ao longo da vida, compreensivo, amoroso, prestativo e, sobretudo, se não dedicar muita atenção ao outro.

Certa vez, um senhor de 85 anos que encontrei na fila do supermercado me disse que aos casais de hoje faltava, sobretudo, muita paciência. "Separam-se ao primeiro sinal de incompatibilidade", dizia ele. E estava certo, conviver não é fácil. Suportar defeitos e intransigências do outro é mais difícil ainda. Mas quando se ama, até o mau humor tem lá seus encantos.

Casais felizes sabem que...

Casais felizes conseguem envelhecer juntos porque levam a sério a promessa (mesmo que não tenha sido diante do padre) de se apoiarem em todas as situações e de se rejubilarem diante de toda e qualquer alegria que a vida lhes ofereça. Sabem que, se existem os percalços, há também os momentos de felicidade, e, com sabedoria, aprendem a tirar proveito deles também.

82.
Aprender todos os dias com o outro

Há oito anos minha querida amiga Emma ligou para mim desesperada, dizendo que o marido estava com câncer no pulmão e havia sido desacreditado pelos médicos. Fui visitá-lo e me surpreendi. Incrédulo e inconformado por ver sua vida chegar ao fim com menos de 40 anos, ele decidiu que lutaria como pudesse para superar a doença. Durante meses se apoiou em terapias alternativas, rezas, atividade física, mudanças na alimentação, além do tratamento convencional, e, acredite, alcançou a cura. Ano passado, quando encontrei Emma e o marido em nossa festa de Réveillon, ela me confidenciou: "Durante a doença, aprendi com meu marido o que significa a persistência e o amor à vida. Aprendi também que preciso lutar todos os dias se quiser ser feliz".

Nem sempre aquilo que aprendemos com nosso par é uma descoberta fácil ou indolor. Aprender envolve desapego daquilo que acreditamos ser verdadeiro, ao mesmo tempo que pressupõe humildade para descobrir algo que vai além de nós mesmos.

Como os filhos aprendem com o amor dos pais e também com suas repreensões, é fundamental ter sabedoria e disposição para aprender com o parceiro e com aquilo que a vida nos oferece em cada momento da nossa existência.

Nesse processo, quem não coloca de lado o orgulho, inimigo mortal das grandes conquistas, não prossegue a caminhada.

Casais felizes sabem que...

Casais felizes observam a si próprios, ao outro e a vida a dois como se fossem espectadores. Sabem que ter distanciamento das verdades absolutas nos ajuda a construir uma relação mais sólida e que manter os ouvidos sempre abertos para o que o outro tem a nos dizer faz com que fiquemos mais próximos e também mais cúmplices.

83.
Buscar o que é melhor para vocês

Durante anos fui testemunha das brigas de uma das minhas irmãs com meu cunhado. Ela só queria viajar. Ele estava preocupado em juntar dinheiro para comprarem uma casa própria. Finalmente, entraram num acordo: metade do que sobra das economias dela vai para as viagens e a outra metade, para a poupança. Ele faz a mesma coisa com o que resta do seu salário. Vai demorar mais para realizarem seus desejos, mas ambos se sentem correndo em busca daquilo que querem e, sem descontentar o parceiro, estão vivendo em harmonia.

Quando dividimos a vida com alguém a quem amamos, é imprescindível pensar não apenas nas coisas que nos fazem felizes, mas também naquelas que trazem alegria e bem-estar para o nosso companheiro. Se você adora viajar, mas seu companheiro está em busca de conquistar estabilidade financeira para o casal e sonha com a compra de uma casa própria ou outro objetivo, é importante conversar sobre o tema, para que atinjam um ideal conjunto. De forma alguma os sonhos do outro devem se sobrepor aos nossos, mas é preciso considerar que acima de um e de outro deve estar a felicidade da relação.

Buscar aquilo que é melhor para vocês dois não quer dizer abrir mão dos sonhos pessoais de cada um. Significa abrir espaço na vida para que a relação se sustente e se fortaleça por meio de conquistas comuns.

Casais felizes sabem que...

Casais felizes conseguem sonhar o mesmo sonho e realizar os objetivos comuns, porque se consideram maiores em dupla do que individualmente. E é em busca da felicidade do casal que norteiam suas buscas e as decisões que tomam em parceria.

84. Correr atrás dos próprios sonhos

Outro dia estava assistindo a um daqueles programas femininos e fiquei escutando uma loira bonita, cerca de 45 anos, muitíssimo bem-arrumada. Ela dizia que abriu mão da carreira profissional para criar os dois filhos e que, quando estavam com 10 e 12 anos, decidiu retomar sua vida profissional. A contragosto do marido, empregou-se como artesã, passou a produzir bolsas e bijuterias e, depois de cinco anos, conseguiu abrir a própria loja. A câmera mostra as bijuterias que, de fato, são de muito bom gosto. Mudo de canal e lá está ela de novo, falando da tal empresa de bijuterias, que também faz vendas por telemarketing. Penso o inevitável: se a história que ela conta é verdadeira, essa mulher é um bom exemplo de gente que soube correr atrás do próprio sonho.

Refletindo sobre a própria vida, você vai perceber que não teve milhares de sonhos, mas certamente teve alguns dos quais não abriu mão e, quando atingidos, lhe trouxeram imensa felicidade. Mais: vai ver que a conquista desses sonhos refletiu de maneira muito positiva na vida afetiva, porque quem persegue com afinco seus objetivos só cresce aos olhos do outro, tornando a relação melhor e mais feliz.

Casais felizes sabem que...

Casais felizes se apóiam na busca dos sonhos. Cada parceiro abraça o objetivo do outro como se fosse o seu próprio e luta, senão de forma prática, oferecendo apoio e estímulo toda vez que o companheiro precisar.

85. Simplificar a vida

A vida é simples..., nós é que complicamos. Esse ditado chinês não poderia ser mais óbvio, entretanto, nem sempre abrimos os olhos para enxergá-lo. Passamos horas reclamando de problemas que não existem, nos queixando de coisas insignificantes que o parceiro faz e, muitas vezes, até abrimos mão da relação aparentemente feliz, porque acreditamos poder encontrar gente muito melhor para partilhar a vida conosco.

Na verdade, tudo o que precisamos para ser felizes é apurar nossos olhos em direção à felicidade. Um passeio a dois, sem gastar um único tostão, nos deixa feliz? Então, por que não repeti-lo mais vezes? Uma boa conversa a dois, saboreando um café quentinho, olhos nos olhos de quem amamos nos basta? Então, por que precisamos freqüentar diariamente restaurantes caros, atrás de nos exibir para quem, verdadeiramente, não nos interessa?

Se, quando estivermos ao lado do ser amado, observarmos os verdadeiros momentos de felicidade, será mais fácil descobrir aquilo que nos faz bem. Se aprendermos a valorizar o pouco que temos, mas que faz parte de uma construção a dois, não precisaremos ir em busca da felicidade. Ela já existe e está bem ao alcance das nossas vistas e do nosso coração.

Casais felizes sabem que...

Casais felizes sabem que a vida proporciona armadilhas demais, o suficiente para não precisarem buscar outras. Assim, simplificam a vida tanto quanto conseguem e dão valor aos pequenos detalhes do dia-a-dia, porque eles nada mais são do que o tempero para uma vida realizada e feliz.

86.
Celebrar datas importantes

Não é toda hora que a gente faz aniversário de casamento ou de namoro. Afinal, essas datas só acontecem uma vez por ano. Isso me faz lembrar a história de um casal que entrevistei no começo das minhas pesquisas. Eles viveram juntos 30 anos e eram capazes de lembrar como haviam celebrado cada um dos seus aniversários de casamento. Eram tão originais que ano após ano inventavam uma forma inusitada de comemoração. Algumas vezes faziam festa com a família. Outras, quando estavam num bom momento sexual, arriscavam-se em peripécias dignas dos adolescentes apaixonados, hospedando-se uma semana inteira no motel. Houve um ano, me disseram, que foram festejar numa praia de nudismo, gastando pouquíssimo para realizar a comemoração, mas divertindo-se infinitamente.

Nem todo mundo é empolgado como este casal, entretanto, não se pode deixar uma data, que só acontece uma vez por ano, passar em branco como se fosse um dia qualquer. O mundo mudou, se modernizou e os rituais estão se perdendo. Talvez por isso andamos reclamando tanto da vida. Não se sabe mais pelo que esperar, apenas vamos vivendo um dia depois do outro e todos eles da mesma forma.

Celebrar datas importantes ao lado de quem amamos é uma forma de guardar momentos especiais da vida para viver o amor em sua plenitude. Vocês podem sair para jantar em um restaurante romântico, podem enfeitar o quarto inteiro com rosas vermelhas e muitas velas para uma noite incrível de sexo, enfim..., podem e devem usar a imaginação.

Casais felizes sabem que...

Casais felizes sabem que celebrar quer dizer festejar. E não há maneira mais bonita de deixar claro o nosso amor, senão por meio de uma linda e significativa homenagem ao ser amado.

87.
Não ser infeliz sozinho

As coisas não vão bem para você. Há problemas no trabalho, com a família e até os amigos parecem ter sumido do mapa. Em resumo, você é um poço de infelicidade e não sabe como sair dessa.

A princípio, toda infelicidade não compartilhada tem grandes chances de crescer e se transformar num monstro para quem a sente. É mais ou menos como o medo. Quando a gente não fala dele, não consegue encará-lo de frente, toma proporções tão alarmantes que nos assusta cada vez mais. Tanto é que acabamos ficando impotentes diante do seu poder.

Com a infelicidade é a mesma coisa. O motivo que nos causa infelicidade pode ter infinitas origens: uma doença, a falta de dinheiro, problemas profissionais, com os filhos... Quando não somos capazes de identificar – e muitas vezes não somos mesmo –, o melhor caminho é procurar a ajuda de alguém que nos ama e quer o nosso bem. Alguém que não suporta ver a nossa infelicidade, porque fica infeliz também.

Falar sobre nosso drama particular, a origem da nossa tristeza, abrir o jogo e o coração para o outro é buscar no companheiro nossa pilastra sólida de apoio. Se o parceiro estiver por perto e nos oferecer um porto seguro para ancorar as tristezas, será infinitamente mais fácil vivê-las e superá-las.

Casais felizes sabem que...

Casais felizes não vivem rindo à toa porque a vida é sempre bela ou fácil de ser vivida. O que faz dessas pessoas indivíduos mais alegres e plenos do que os outros é a capacidade que têm de se usarem mutuamente (um com o consentimento do outro) para enfrentar as dificuldades da vida, já que, afinal, elas não duram para sempre.

88. Saber que a felicidade está mais próxima do que você imagina

Os anúncios que vemos na televisão são mestres em nos fazer imaginar que a felicidade está além do nosso muro e que ainda precisamos comprar ou conquistar alguma coisa para conseguir agarrá-la e trazê-la para nossa vida. Embora muita gente concorde que isso não passa de ilusão, a maioria de nós ainda cai nesse jogo e vive correndo atrás daquilo que nem sabe bem o que é.

Se a felicidade está ao alcance de todos nós, por que, antes de olharmos para um horizonte distante, não damos uma boa olhada a nossa volta para ver se a encontramos?

Por que tantas mulheres insistem em achar que os galãs de televisão são melhores e mais bonitos do que seus próprios maridos, se nem sequer os conhecem nem nunca viram essas pessoas de perto? E por que tantos homens pensam que as musas de revista, aquelas que têm o corpo perfeito, são mais capazes de proporcionar prazer do que suas companheiras? O motivo é um só: falta de visibilidade sobre a própria realidade.

Saber que a felicidade está bem próxima de nós é uma questão de constatação. O que falta é ver a vida como ela é, buscar o lado bom e não o lado ruim de tudo o que vivemos no dia-a-dia.

Casais felizes sabem que...

Casais felizes não teimam em buscar ideais, mas são capazes de enxergar o lado bom da própria realidade. E, quando as coisas não vão tão bem, ainda assim conseguem se unir e criar forças para ir em busca do melhor para ambos.

89.
Ter fotografias com o seu amor

Eu estava em Quebec, no Canadá, e esta cena me marcou: um casal apaixonado passeava pelo parque e, de vez em quando, pedia a algum passante que tirasse uma fotografia dos dois. Não eram muito jovens e aquele procedimento parecia bem corriqueiro, dada a variedade de poses que ambos faziam diante da câmera. Quando uma senhora abordou a moça para saber o porquê de tantas fotografias, se estavam comemorando uma data especial, ela respondeu simplesmente: quero gravar nossos melhores momentos para sempre.

Algumas pessoas têm necessidade de filmar ou fotografar o tempo todo, como se isso fosse a garantia plena de relembrar cada detalhe vivido ao lado do ser amado. Sem este registro são incapazes de saber o que viveram de fato. Isso parece tão excessivo quanto compreensível. A fotografia é uma espécie de prova viva que não nos deixa esquecer o melhor, por meio dela a lembrança fica mais intensa. Em resumo: recordar uma cena boa é vivê-la novamente, sentir o que já sentimos uma vez. E felicidade nunca é demais.

Casais felizes sabem que...

Casais felizes são capazes de guardar as lembranças no coração e também se divertem imprimindo a alegria no papel. Se a história dos povos e países é registrada por meio de imagens e relatos, com a vida amorosa dos casais não é diferente, e quem deixa passar o momento, sem dúvida, arrepende-se depois.

90. Reconhecer no outro o que faz você mais feliz

Entrevistei Audrey, uma contadora de 28 anos que vivia uma crise amorosa. Namorava um rapaz havia quatro anos e ele queria se casar. Embora o relacionamento sexual dos dois fosse bom e intenso, o convívio no dia-a-dia era morno, pouco interessante, quase vazio, tinha me dito. "Queria sentir prazer de estar com ele como sinto quando estou com meu sócio Daniel. Com ele, sim, gosto de conversar longamente, trocar idéias, dar risada." Finalmente Audrey arriscou. Seduziu Daniel e, para sua felicidade, gostou. Em pouco tempo desmanchou o namoro e casou-se com o sócio, com quem tinha enorme identificação.

A relação a dois também é um jogo de interesses, no bom sentido, claro. Divide-se a vida com quem nos faz feliz, com o companheiro mais bem provido de características que nos agradam. Ou seja: queremos alguém ao nosso lado porque esse alguém nos dá felicidade, prazer na cama, porque nos alegra os olhos ou porque com ele temos uma comunhão de almas.

Quando decidimos viver com alguém é porque identificamos nesta pessoa alguma característica que, segundo a nossa escala de valores, é muito importante. Para uma mulher que sonha com ascensão social, por exemplo, o melhor parceiro é o que tem dinheiro, lhe dá muitos presentes e uma vida confortável. Que mal pode haver nisso? Já a mulher desligada dos bens materiais pode considerar perfeito o homem que partilha com ela o prazer pela música, pela poesia e pelas coisas da natureza.

Há ainda quem busque felicidade nos dotes físicos do companheiro ou no tipo de comportamento social que ele tem. Alguns homens, por exemplo, valorizam muitíssimo a companheira gentil, que sabe ser amável com as pessoas idosas e as crianças da família.

Não se pode julgar uma escolha melhor do que a outra. O importante é escolher alguém capaz de nos fazer felizes simplesmente porque seus valores vão de encontro aos nossos.

Casais felizes sabem que...

Casais felizes sempre iniciam suas relações identificando as características do outro como se elas fossem ferramentas fundamentais para poderem ir em busca de felicidade. Se o outro fascina por algo que você não julgava fundamental, talvez agora seja o momento adequado de perguntar: afinal, o que é importante para me fazer feliz? E, a partir das respostas sinceras, correr atrás do objetivo.

91.
Ser fácil de lidar

Depois de ter entrevistado dezenas de homens e mulheres isoladamente e também muitos casais, tirei uma conclusão banal, mas verdadeira: as pessoas se escolhem não apenas quando se gostam, mas quando parecem fáceis de lidar. Não encontrei um entrevistado sequer que tenha me dito preferir alguém de difícil convívio para partilhar a vida.

Quando a vida começa a nos apontar dificuldades – e isso acontece com certa freqüência –, tudo que a gente precisa é ter alguém ao lado que nos facilite as coisas. Em outras palavras, precisamos de alguém que seja agradável de conviver e não nos crie um problema atrás do outro.

Companheiros fáceis de conviver agem positivamente, assumindo uma postura encorajadora diante de quem amam. Certamente não é fácil ser assim, mas quem convive em harmonia com o mundo e com o parceiro se machuca menos, porque consegue aprender lições importantes para a vida.

Ser fácil de lidar é uma forma de declarar nosso amor todos os dias. Quem procura estabilidade e felicidade a dois deve saber que um comportamento flexível facilita, e muito, as coisas para o casal.

Casais felizes sabem que...

Casais felizes sabem que o convívio diário não é fácil, e que assumir uma postura crítica pode desestabilizar a relação. Por isso, procuram facilitar as coisas sem resignação, mas com sabedoria. São capazes de passar por cima dos obstáculos num momento de crise ou fragilidade, ajudando o outro a encarar a vida com mais serenidade e menos aflição.

92. Ter cuidado com antigos namorados

Às quartas-feiras jogo tênis com Julia, que, embora seja excelente parceira de raquete, é uma pessoa de personalidade muito difícil. Egocêntrica ao extremo, só pensa em si, só fala de si, age de uma forma como se o mundo girasse em torno do seu próprio umbigo.

Um dia desses ela se queixava do marido, que, embora sempre calmo, paciente e pouco ciumento, teve uma crise quando ela se encontrou – e assumiu uma postura entusiasmada – com um antigo namorado no shopping: "Não sei por que ele ficou tão nervoso. Nunca foi ciumento, mesmo quando eu contava detalhes íntimos da minha vida com antigos parceiros", disse. Mas será que Julia não sabe mesmo o porquê da irritação do marido?

Algumas pessoas usam a provocação como forma de manter seus parceiros em alerta permanente. Revelam histórias passadas com o claro objetivo de controlar o outro. Se ele não andar conforme o manipulador quer, acabará perdendo sua nobre companhia. Novamente me questiono: vale a pena preservar alguém assim na nossa vida?

É inevitável que, vez ou outra, encontremos pessoas que fizeram parte do nosso passado. Isso não significa que o outro, nosso companheiro atual, precise ficar sabendo. Também não quer dizer que, como personagem de uma história passada, esse alguém já não tem mais lugar a ocupar. Em outras palavras: você não precisa beijar, abraçar, marcar um almocinho e nem muito menos apresentar para todo mundo, porque isso vai causar constrangimento e pode, além de humilhar, ferir seu amor.

Casais felizes sabem que...

Casais felizes sabem que têm direito de guardar seus romances passados em um lugar da memória, mas conhecem a importância de reservar o melhor espaço do coração para o amor do presente.

93. Evitar interferências que vêm de fora

A cortesã Marguerite Gauthier e o nobre Armand Duval vivem um romance sem limites na França do fim do século XIX. Mas o pai do rapaz, Monsieur Duval, não admite que o filho queira viver o resto dos seus dias ao lado de uma moça de vida fácil e resolve interferir. O romance, o clássico *A dama das camélias*, de Alexandre Dumas, acaba com morte da heroína e tristeza profunda do galã, imortalizados respectivamente por Greta Garbo e Robert Taylor no cinema, deixando a nós, espectadores, com os olhos cheios de lágrimas.

Mães, irmãos, amigos, colegas de trabalho... há sempre muita gente interferindo, de maneira positiva ou negativa, dentro de um relacionamento. Saber ouvir palpites, confrontá-los consigo mesmo e aceitar aquilo que pode realmente melhorar a sua vida é uma sorte de poucos. Em geral, permitimos que avancem o sinal, digam o que não devem com relação ao nosso parceiro e até nos obriguem a tomar atitudes que, de verdade, nada têm a ver conosco.

Por que as interferências externas são responsáveis pelo fim de tantas uniões? Simples: porque permitimos. Em primeiro lugar, não deveríamos abrir a guarda com tanta freqüência, autorizando que falem da nossa vida como se comentam as notícias de esporte nos programas de televisão. A vida conjugal é nossa, diz respeito a nós mesmos, ao nosso parceiro e a mais ninguém.

Em algumas circunstâncias, entretanto, queremos sim contar com a opinião de quem nos ama, se preocupa conosco. Ótimo, desde que isso seja encarado como uma contribuição. A opinião da mãe, do melhor amigo, de um irmão ou seja lá quem for deve ser ouvida e filtrada no sentido de se tirar o melhor proveito. Caso contrário, só atrapalha.

Casais felizes sabem que...

Casais felizes mantêm laços afetivos com parentes e amigos, mas sabem que seu elo mais forte é o companheiro com quem dividem os lençóis. Permitir todo tipo de interferência nesta relação tão íntima põe em risco não só a felicidade do casamento como também a nossa felicidade individual.

94. Alimentar o amor do outro

Como um bebê, que precisa do leite e do aconchego materno para crescer forte e confiante, a relação a dois precisa ser alimentada dia a dia, para que o amor e o vínculo entre os companheiros cresçam e se solidifiquem.

Mas como alimentar o amor? É fundamental estar atento ao outro como se presta atenção a um filho que está em fase de crescimento. Não é preciso grandes conversas, reflexões muito profundas, apenas um olhar atento em direção e através do outro.

Em seguida, é preciso estar presente e disponível para o outro. Quando a pessoa ama e pretende ser amada, é imprescindível se mostrar por inteiro, estar ao alcance das mãos e do coração do outro. Se não for assim, a relação se desestabiliza.

Finalmente, valem os pequenos carinhos, as atenções de toda hora. Quem alimenta o amor dá ao parceiro pequenos mimos que valem ouro. Podem ser presentinhos e pode ser você mesmo, embalado em muito desejo.

Casais felizes sabem que...

Casais felizes alimentam o amor do outro, o que os deixa mais fortalecidos para enfrentar as crises. Sabem que mimar o amor e manter o olhar atento e bem fixo nele é um dos segredos preciosos da relação que pretende crescer e se solidificar cada dia mais.

95. Recomeçar de quase nada

Muitos são os casais que enfrentam situações seriíssimas, como rompimentos, infidelidades ou grandes frustrações. Boa parte desses casamentos acaba sem chance de reconstrução.

Ainda há os casais sobreviventes, aqueles que conseguem se reerguer, mesmo depois de uma crise violenta e muito sofrimento. Isso só acontece quando o sentimento que existia era amor, e dos mais verdadeiros. O casal que experimentou um afeto profundo sabe que é possível recomeçar, mesmo que, aparentemente, não haja pedra sobre pedra para refazer a casa com solidez.

Se havia amor e ambos conseguem resgatar um mínimo de confiança no outro, enxergando nele a mesma vontade de refazer a vida a dois, as chances de voltar a ser feliz talvez sejam ainda maiores do que antes da crise.

Para isso, é fundamental abrir o jogo, não esconder as armas, não ficar prevenido para novos e possíveis ataques. Reconstruir a vida depende do quanto cada um consegue se doar, ser sincero com o outro, se dedicar à empreitada de corpo e de alma.

Casais felizes sabem que...

Casais felizes não são felizes à toa. Muitas vezes vivem dramas íntimos que, à primeira vista, não teriam como ser superados. Mas são, porque existe vontade, disposição e, sobretudo, desejo de voltar a viver a vida ao lado de quem traz felicidade.

96.
Dar filhos ao ser amado

Sou muito honesta ao dizer que só me casei para poder ter filhos. Não que isso fosse impossível fora do casamento ou que marido só sirva para nos dar filhos, mas acredito na família como base mais importante para se educar crianças. Quando não as queremos em nossas vidas, podemos simplesmente coabitar com nosso amor do momento, dispensando o peso do compromisso ou amar até quando der, e, quando não der mais, partir para viver uma nova história.

No mundo violento em que vivemos, ter filhos é, de fato, uma temeridade. Não sabemos como será o futuro, se estaremos aptos a oferecer uma vida confortável a eles, se conseguiremos educá-los para a vida da forma como nossos pais fizeram conosco etc. Ter filhos é, antes de qualquer coisa, um ato de entrega de nós mesmos diante de um novo ser e uma declaração de amor e disponibilidade ao parceiro com quem, um dia, decidimos partilhar a vida.

Colocar um bebê no mundo é vislumbrar todas as boas possibilidades da vida, apostando que, amanhã, ela pode ser muito melhor do que é hoje. Só que isso não se faz desacompanhado. Filho a gente faz a dois e aí volto ao meu argumento inicial.

Quando premiamos nosso companheiro com um filho, mostramos a ele nossa disposição para construir uma vida familiar sólida ao seu lado. No lugar de apenas dividirmos o mesmo espaço com um companheiro, abrimos espaço afetivo para receber uma nova vida, que não deixa de ser uma forma espetacular de coroar e fortalecer uma relação a dois.

Casais felizes sabem que...

Casais felizes sabem que não há filhos capazes de prolongar um casamento que não vai bem. Mas, quando há amor, os filhos são a melhor declaração da vontade que ambos têm de viver unidos para o resto de suas vidas.

97.
Criar os filhos com amor

Camile é mãe de Jessica, portadora de Síndrome de Down, companheira de classe do meu filho. Quando a encontrei pela primeira vez numa reunião, tive uma compaixão sincera por ela. Com o tempo, fui conhecendo melhor a família, o pai de Jessica, os irmãos mais velhos, que não portam nenhuma deficiência, até concluir que aquela família, mais do que muitas outras que não enfrentam limitação alguma, se enchera de amor para viver o que não estava nos planos. E foi o casal o grande responsável por este ambiente acolhedor, repleto de amor e dedicação.

Uma relação afetiva entre homem e mulher pode não ser eterna, mas os filhos de uma união, definitivamente, são nossos até o fim da vida. Criá-los com imenso amor é, de certa forma, uma maneira de manifestar amor também pelo companheiro ou companheira, pai ou mãe daquela criança.

Quando procriamos, dando origem a uma nova vida, precisamos saber que, a partir daquele momento, seremos o tudo da vida de uma criança e que ela dependerá de nós, pelo menos nos próximos 20 anos, para provê-la de amor e cuidados. Fazer isso por um filho – o que sempre acarreta muitos sacrifícios – também envolve uma boa dose de entrega à outra parte, que nos ajudou a gerar a vida.

Casais felizes sabem que...

Casais felizes muitas vezes sonham com família como uma forma de concretizar a relação que construíram. E essa família só existe a partir do momento em que surgem os filhos, o laço definitivo entre um homem e uma mulher, mesmo que venham a se separar um dia.

98. Saber a hora certa de dar um tempo

Quando se começa uma vida a dois, o que se pretende é viver feliz para sempre, mas, às vezes, não é assim que acontece. Mesmo as relações mais equilibradas vivem momentos de altos e baixos, de paixão mais intensa, um afeto morno ou até mesmo de total desinteresse.

O importante é estar atento a essas nuances e tentar encontrar as motivações de cada um desses estados de ânimo da relação. Se os parceiros conseguem observar tudo isso juntos, ótimo, porque as chances de ultrapassar os obstáculos serão maiores. Caso contrário, é preciso contar com a possibilidade de um afastamento temporário, muitas vezes altamente benéfico para ambos.

Ao se afastar, um casal que passa por momentos tumultuados ganha espaço físico, psicológico e afetivo para repensar a relação, perguntar-se o que está sentindo, que falta o outro faz e em que intensidade.

Não é preciso enxergar as separações temporárias como uma tragédia na vida a dois. Ao contrário, é importante saber enfrentar a distância para crescer individualmente e voltar para a relação mais fortalecido, mais consciente, pronto para perdoar ou, por que não, para pedir perdão por atitudes que magoaram o outro.

Se a relação vai mal e ambos percebem isso, mas são incapazes de suplantar as dificuldades, afastar-se é mais sábio e infinitamente mais produtivo. Não quer dizer que vocês precisem ficar meses ou anos sem se ver ou investir em novas conquistas amorosas a fim de encontrar alguém melhor do que o companheiro.

Casais felizes sabem que...

Casais felizes também aprendem a se separar para que a vida não se transforme em um martírio, causando sofrimento para ambos. A partir daí sabem que é possível repensar a vida a dois com mais clareza e até, por que não, retomar a relação com mais felicidade e certeza.

99. Não se arrepender da história construída

Abro minha revista favorita e vejo que meu casal preferido de atores está se separando. Lamento por eles, que pareciam tão felizes juntos. A seguir, leio a declaração dela: "Esse casamento foi um dos piores erros da minha vida". Fico profundamente decepcionada ao saber que ela pensava assim.

Todo casal se desentende. Com maior ou menor freqüência, todos nós acabamos divergindo em algum momento da vida a dois. Quando a briga é do tipo avassaladora, muitas vezes caímos de cara no travesseiro, maldizendo a hora em que decidimos nos unir àquela pessoa com quem estamos partilhando a vida.

Se é isso que você vem fazendo, um alerta: este pode ser o começo do fim. Arrepender-se de tudo o que foi feito e vivido por vocês é uma forma de convencer a si mesmo que toda aquela devoção ao outro não está valendo mesmo a pena e que fazemos melhor se dermos um basta imediatamente, partindo para outra. Acontece que esse tipo de gente, com reações imediatas, não consegue construir relações, a não ser aquelas momentâneas e passageiras. O relacionamento começa a dar sinais de problemas e a pessoa acha que está na hora de abandonar a cena.

Evidentemente não se pode brincar de Pollyanna a vida inteira (a menina que vivia seus dramas, mas fazia o jogo do feliz) e, mesmo ao final de uma relação, relembrar apenas aquilo que era tão bom e nos fazia tão felizes no casamento. Não é assim, mas também não podemos achar que, só porque o momento é difícil, tudo naquela relação é ruim, nos desgasta, nos deixa infelizes.

Na hora da explosão, o melhor a fazer é manter a cabeça no lugar. Depois, procure buscar o lado bom do companheiro, aquilo que tanto nos atraiu um dia e que nos fez optar por dividir a vida com ele. Passe na sua cabeça o filme romântico de vocês, seus momentos alegres, todas as satisfações.

Casais felizes sabem que...

Casais felizes sabem exercitar a memória negativa tanto quanto a positiva e conseguem extrair do outro o que de melhor tem a nos oferecer. Achar que tudo foi ruim é uma forma de nos autopunir e autodepreciar, enquanto buscar o lado bom da nossa própria história é uma maneira de manter a auto-estima viva, atuando a nosso favor.

100. Saber dizer: obrigado, meu amor!

A vida a dois não é um hábito, não é uma obrigação. É uma escolha que envolve amor. Agradecer a Deus a possibilidade de amar e ser amado é uma forma de manifestar nossa felicidade.

No plano mais terreno, é fundamental deixar claro para o outro o quanto ele é responsável pela nossa felicidade. Quantos casais – mesmo os mais felizes – passam anos e anos juntos, sem jamais dizer um ao outro qualquer palavra de agradecimento? Deixar de aproveitar essa oportunidade é, sem dúvida alguma, um grande erro na vida conjugal.

Palavras gentis – obrigado, por favor, me desculpe – não devem fazer parte apenas das relações sociais. É imprescindível que convivam intimamente com nosso dia-a-dia para torná-lo mais fácil, menos árduo, gostoso de ser vivido.

Casais felizes sabem que...

Casais felizes que agradecem ao outro por aquilo que são e por tudo o que fazem têm mais chances de permanecer juntos por muito tempo. Isso acontece porque permitem que a gentileza faça parte dos seus rituais e não julgam que o simples fato de estar junto obriga o outro a se sentir feliz ao nosso lado.

101. Usar a fantasia a favor do casamento

Uma vez por mês, eu e oito amigas nos reunimos para um *happy hour* que sempre acaba entrando pela madrugada. No último encontro, um assunto dominou a conversa: as fantasias sexuais. Hellen revelou que Brad Pitt era seu personagem recorrente, enquanto Ingrid nos contou que, quando está transando com o marido, imagina estar sendo observada por uma platéia cheia de homens.

Surpresa todas tiveram quando Charity contou que, em suas fantasias, a figura principal é Marian, sua melhor amiga. Será que Charity não gosta do marido? Que na verdade é uma homossexual enrustida e mal resolvida? Meu terapeuta me garantiu que não e que fantasia, como diz o nome, serve para isso mesmo, para fazer a nossa imaginação trabalhar a nosso favor na hora do sexo. "Se imaginamos alguma coisa e o resultado do estímulo reverte positivamente para nós e o nosso parceiro, então a fantasia está cumprindo a sua missão", me garantiu ele.

Concordo inteiramente com meu terapeuta e vou um pouco mais à frente: aconteça o que acontecer, acho que as fantasias que passam pela nossa cabeça não devem ser reveladas ao parceiro. Da mesma forma, ele não deve nos contar que, ao nos ter em seus braços, imagina estar fazendo sexo com aquela loira monumental do filme pornô ou a vizinha bonitona da casa ao lado. Imagina o efeito devastador que isso teria?

Casais felizes sabem que...

Casais felizes usam a fantasia para se sentirem mais estimulados, porque sabem que sexo e rotina são duas coisas que não andam bem juntas. Também sabem que, não importa quem freqüente sua imaginação, o prazer real está no parceiro com quem vivem no dia-a-dia e que é alvo de todo o amor.